400 CAPSULES LINGUISTIQUES
de Guy Bertrand
est le quatre-vingt-unième ouvrage
publié chez
LANCTÔT ÉDITEUR

400 CAPSULES LINGUISTIQUES

Le contenu du présent ouvrage a été diffusé à la Première Chaîne de Radio-Canada entre 1994 et 1998. Les *Capsules linguistiques* sont préparées et présentées en ondes par Guy Bertrand avec la participation de l'animatrice Louise Chartrand.

Guy Bertrand

400 CAPSULES LINGUISTIQUES

première chaîne
Radio-Canada

LANCTÔT ÉDITEUR

LANCTÔT ÉDITEUR
1660A, avenue Ducharme
Outremont, Québec
H2V 1G7
Tél. : (514) 270.6303
Téléc. : (514) 273.9608
Adresse électronique : lanedit@total.net
Site Internet : http://ww.total.net/~lanedit

Illustration de la couverture et caricatures :
Dupras

Maquette de la couverture :
Stéphane Gaulin

Mise en pages :
Folio infographie

Distribution :
Prologue
Tél. : (450) 434.0306/1.800.363.2864
Téléc. : (450) 434.2627/1.800.361.8088

Distribution en Europe :
Librairie du Québec
30, rue Gay-Lussac
75005 Paris
France
Téléc. : 43.54.39.15

Nous remercions le Conseil des Arts du Canada et le PADIÉ de l'aide accordée à notre programme de publication. Nous remercions également la SODEC, du ministère de la Culture et des Communications du Québec, de son soutien.

Dépôt légal — 1er trimestre 1999
Bibliothèque nationale du Québec
ISBN 2-89485-082-4

La correction du langage est une tâche collective.

JEAN-MARIE LAURENCE

Présentation

Une langue correcte et actuelle...

Depuis sa fondation en novembre 1936, la Radio française de Radio-Canada a toujours accordé une place importante à la qualité de la langue. Cette tradition d'excellence linguistique, nous la devons, non seulement au professionnalisme de nos artisans, mais aussi à la qualité de nos auditoires. En effet, nos auditeurs et auditrices exigent, et à juste titre, que nous leur présentions des émissions dans une langue exemplaire et rigoureuse. Ils souhaitent entendre une langue riche et vivante et surtout, une langue à laquelle ils peuvent spontanément s'identifier. Le français que nous diffusons sur nos ondes doit également évoluer au rythme de la vie moderne. Il faut parler une langue correcte, mais une langue actuelle.

Au fil des ans, Radio-Canada a présenté à son antenne un grand nombre d'émissions et de chroniques consacrées au français. Elle a offert une tribune à une foule de conseillers linguistiques et de spécialistes de la langue, sans compter tous les artisans et les communicateurs, qui ont contribué directement ou indirectement à la diffusion du bon parler français à l'antenne. Le regretté Jean-Marie Laurence, auteur de la célèbre grammaire, nous a rappelé avec patience et passion les règles élémentaires du français. Robert Dubuc, terminologue de renommée internationale, a publié un nombre considérable d'ouvrages linguistiques. Enfin, le journaliste et conseiller linguistique Camil Chouinard continue de protéger la qualité de la langue dans le secteur de l'information.

Lorsqu'on m'a demandé de présenter une chronique linguistique dans le cadre de l'émission *CBV Bonjour !* de Québec, en 1991, je ne soupçonnais pas l'ampleur de l'intérêt du public pour tout ce qui touche la langue française. D'ailleurs, c'est en grande partie à la demande de ses auditeurs que Radio-Canada a décidé de diffuser les capsules linguistiques à l'antenne de sa Première Chaîne. Depuis 1992, les capsules que j'ai présentées ont porté diverses étiquettes : *Radar-linguistique* (avec Dominique Charbonneau), *Que dire ?* (avec Michel Marmen), *Graffiti-linguistique* et *Capsules linguistiques* (avec Louise Chartrand). Le présent ouvrage regroupe une partie des capsules diffusées de 1994 à 1998.

GUY BERTRAND, trad. a.
Conseiller linguistique,
Radio française de Radio-Canada

1. À chaque jour

La règle est très simple. Devant une expression de périodicité (jour, semaine, mois, année), on omet la préposition **à**. Il faut dire **CHAQUE JOUR, CHAQUE SEMAINE, CHAQUE MOIS, CHAQUE ANNÉE** et non « à chaque jour », « à chaque semaine », « à chaque mois », « à chaque année ». De même, devant un nom pluriel, on doit utiliser **TOUS LES** ou **TOUTES LES** et non « chaque ». Par exemple, on dira **TOUS LES DEUX JOURS** et **TOUTES LES TROIS SEMAINES**, et non « chaque deux jours » et « chaque trois semaines ». Là encore, il faut éviter d'utiliser la préposition **à**. La règle vaut aussi pour le mot **fois**. On dira donc **CHAQUE FOIS, TOUTES LES FOIS**, et non « à chaque fois », « à toutes les fois ». Il serait exagéré d'affirmer que l'utilisation du **à** devant **chaque fois** et **toutes les fois** constitue une faute grave. Toutefois, selon Grevisse, l'expression **à chaque fois** est considérée comme littéraire.

2. A commercial et arobas

Dans le monde des affaires et de la comptabilité, le symbole @ s'appelle **A COMMERCIAL**. C'est le symbole qu'on utilise dans les bons de commande et les factures entre le nombre d'articles et le prix unitaire. Au lieu de mettre la préposition **à**, on mettra souvent le symbole @. Par exemple, on écrira : 150 boîtes de crayon

@ 3$ chacune. Dans les adresses Internet, on utilise également le symbole @. Bien sûr, on peut appeler ce symbole **a commercial**, même s'il n'a pas exactement le même sens que dans la langue administrative. Toutefois, on peut aussi utiliser les appellations **AROBAS** et **SÉPARATEUR A** (ce dernier terme est réservé aux textes techniques). **AROBAS** est de plus en plus populaire, peut-être en raison de sa consonance un peu accrocheuse.

3. À date

Les expressions « à date » et « jusqu'à date » sont des calques de l'anglais. Il existe au moins cinq solutions de rechange pour remplacer ces anglicismes : **JUSQU'ICI, JUSQU'À PRÉSENT, JUSQU'À MAINTENANT, JUSQU'À CE JOUR** et **À CE JOUR**.

4. À la journée longue

Les locutions « à la journée longue », « à la semaine longue » et « à l'année longue » sont des calques de l'anglais. Étrangement, on ne dit pas « au mois long » ! Il existe plusieurs formules correctes bien connues en français pour remplacer ces formes fautives. Par exemple, on peut dire : **À LONGUEUR DE JOURNÉE, À LONGUEUR DE SEMAINE, À LONGUEUR D'ANNÉE.** On peut également dire : **TOUTE LA JOURNÉE, TOUTE LA SEMAINE, TOUTE L'ANNÉE,** ou encore, **LA JOURNÉE DURANT, LA SEMAINE DURANT** ou **L'ANNÉE DURANT.** L'expression **À CŒUR DE JOURNÉE**, encore bien vivante chez nous, est considérée comme vieillie dans le reste de la francophonie.

5. À nouveau et de nouveau

Ces deux locutions ont des sens légèrement différents. À **nouveau** signifie encore une fois, d'une manière différente. Par exemple, on peut dire: comme la situation a changé, il a dû écrire son rapport **À NOUVEAU** (c'est-à-dire qu'il a dû écrire un rapport complètement différent de celui qu'il avait écrit précédemment). Quand on fait quelque chose **À NOUVEAU**, on reprend tout depuis le début. Par ailleurs, la locution **de nouveau** est tout simplement synonyme des locutions **encore une fois** et **une fois de plus**. Par exemple, on peut dire: l'émission a été diffusée hier soir et elle sera diffusée **DE NOUVEAU** dimanche prochain (c'est la même émission qui sera diffusée et non une nouvelle émission complètement refaite). La locution **de nouveau** est un peu plus courante.

6. À prime abord

La locution «à prime abord» n'existe pas en français. Il faut plutôt dire **DE PRIME ABORD**. De prime abord signifie à première vue, avant toute chose. Par contre, la locution *A PRIORI*, qui est à peu près synonyme, se construit avec A du latin *ad*. C'est peut-être de là que vient la confusion. En cas de doute, on peut toujours contourner le problème en utilisant toujours *A PRIORI* puisque des deux locutions, ***a priori*** est la plus courante.

7. À quelque part, en quelque part

La locution **quelque part** n'est jamais précédée d'une préposition. On va **QUELQUE PART** et non «en quelque part» ni «à quelque part». La plupart des spécialistes de la langue contestent le sens figuré que certaines personnes donnent parfois à cette expression. D'ailleurs, la plus récente édition du *Grand Robert* qualifie de jargon à la mode cette utilisation de **quelque part**. Selon le contexte, il est préférable d'utiliser l'une des locutions suivantes : **D'UNE CERTAINE MANIÈRE, EN QUELQUE SORTE, DANS UNE CERTAINE MESURE.** Les rebelles qui préfèrent tout de même utiliser la locution **quelque part** au sens figuré devraient au moins éviter d'ajouter les prépositions **à** et **en** !

8. À Radio-Canada ou sur Radio-Canada

Certains annonceurs et animateurs disent **SUR** Radio-Canada, d'autres préfèrent dire **À** Radio-Canada. Qui a raison ? Bien que les deux formes soient correctes, la préposition **À** est plus courante, du moins au Canada. En France, cependant, on semble privilégier la préposition **SUR**, peut-être pour des raisons d'euphonie. En effet, **SUR** Antenne 2 sonne mieux que **À** Antenne 2 ! Il s'agit plus vraisemblablement d'une formulation abrégée de **SUR LES ONDES** d'Antenne 2. Sans toutefois condamner l'utilisation de la préposition **SUR** devant l'indicatif ou le nom d'un radiodiffuseur, Radio-Canada recommande l'utilisation de la préposition **À**.

9. À toutes fins utiles et à toutes fins pratiques

La locution **à toutes fins utiles** est bien française, mais elle n'a pas le sens qu'on lui donne souvent. **À toutes fins utiles** signifie en cas de besoin. Par exemple, on dira : conservez vos reçus à toutes fins utiles. Chez nous, cette locution est assez rarement utilisée dans la langue courante. Quant à la locution « à toutes fins pratiques », elle est un calque de l'anglais *for all practical purposes*. Il faut remplacer « à toutes fins pratiques » par : **PRATIQUEMENT, POUR AINSI DIRE, PRESQUE, QUASIMENT** ou **VIRTUELLEMENT.**

10. Abreuvoir et fontaine

L'**abreuvoir** est un lieu aménagé pour faire boire les animaux. Dans le Québec de mon enfance, on appelait « buvettes » les petites distributrices d'eau qu'on retrouve dans les endroits publics, notamment dans les salles de toilettes. En réalité, la **buvette** est un petit débit de boissons alcoolisées ! Les petits postes de distribution d'eau potable dans les endroits publics sont des **FONTAINES.**

11. Accumulateur et batterie

Les automobiles ont-elles des batteries ou des accumulateurs ? Comme il s'agit, en réalité, de plusieurs accumulateurs montés en série, on peut parler de **BATTERIE D'ACCUMULATEURS** et, dans la langue courante, de **BATTERIE** tout court.

12. Acte de Dieu

« Acte de Dieu » est la traduction littérale de l'expression anglaise *Act of God.* Dans le domaine des assurances, du droit et des relations de travail, on parle de **CAS FORTUIT** ou de **CAS DE FORCE MAJEURE** pour désigner des événements absolument imprévisibles qui rendent impossible l'exécution d'une obligation. Par ailleurs, pour désigner des phénomènes naturels extraordinaires et imprévisibles tels que les tremblements de terre, les ouragans, les inondations, ou les tempêtes de pluie verglaçante, on parlera plutôt de **CATASTROPHE NATURELLE**.

13. Addition, facture et note

Le mot **facture** est le terme générique qu'on utilise pour désigner un état détaillé précisant la quantité, la nature et le prix des marchandises vendues ou des services rendus. On peut utiliser le terme **facture** partout sauf dans les restaurants, où il est plus correct de dire **ADDITION**, et dans les hôtels, où il faut parler de la **NOTE**.

14. Admissible et éligible

Le mot **éligible** est tout à fait correct en français, pourvu qu'on l'utilise dans un contexte d'élection. En effet, **éligible** signifie qui peut être élu. Donc, une personne est dite éligible lorsqu'elle remplit les conditions requises pour se présenter à une élection. Lorsqu'on remplit les conditions requises pour participer à n'importe quelle autre activité, on est **ADMISSIBLE**. Par exemple, on peut être admissible à un concours, à une subvention, à un emploi, etc. On utilise à tort le mot **éligible** sous l'influence du mot anglais *eligible*, qui a à la fois le sens d'éligible et d'admissible.

15. Aérodrome et aérogare

Le mot **aérogare**, qui soit dit en passant est féminin (une gare, une aérogare), désigne l'ensemble des bâtiments d'un aéroport réservés aux voyageurs et aux marchandises. Depuis les années 1970, on utilise souvent l'anglicisme « terminal » pour désigner les bâtiments qui servent de points de départ et d'arrivée pour les voyageurs. Ce terme est encore contesté. Quant au mot **aérodrome**, il désigne le terrain aménagé pour le décollage et l'atterrissage des avions. L'aérodrome comprend les pistes, les hangars, la tour de contrôle et l'aire de trafic. Aérodrome est un mot masculin.

16. Aéroport

Le mot **aéroport** est masculin. On dit **UN** aéroport et non « une » aéroport. L'aéroport est un ensemble d'installations nécessaires au trafic aérien. En général, l'aéroport comprend l'aérodrome, l'aérogare et les ateliers de maintenance. J'ai un petit truc pour aider tous ceux et celles qui disent « aréoport » au lieu de **AÉROPORT**. Avez-vous déjà essayé de prononcer les mots **AÉRIEN**, **AÉRÉ** et **AÉRATION** en inversant le **É** et le **R** ? Essayez pour voir, c'est pratiquement impossible ! Quand on veut dire aéroport, il suffit de commencer à dire aérien, aéré ou aération et il n'y a plus de problème!

17. Âgé entre tel et tel âge

L'expression « âgé entre tel et tel âge » est le calque de l'anglais *aged between*. On entend même certaines personnes dire « âgés d'entre tel âge et tel âge ». En français, la formulation est un peu plus simple. Il suffit de dire, par exemple: ce film s'adresse aux enfants **ÂGÉS DE 5 À 12 ANS** ou, plus simplement, ce film s'adresse aux enfants **DE 5 À 12 ANS**. On n'a qu'à penser à la vieille publicité des bandes dessinées Tintin: *Pour les jeunes de 7 à 77 ans*!

18. Agrafeuse et brocheuse

L'appareil qui sert à poser les agrafes (et non les broches) s'appelle **AGRAFEUSE**. La brocheuse est une machine qui sert au brochage des livres et à la reliure. Le petit instrument qui sert à enlever les agrafes s'appelle **DÉGRAFEUSE**. Dans le *Petit Robert*, on retrouve le mot **dégrafeur**, qui désigne le même appareil.

19. Aile et garde-boue (vélo)

L'**aile** est la partie de la carrosserie située au-dessus des roues d'une automobile. Par ailleurs, un vélo a un **GARDE-BOUE** de métal au-dessus de chaque roue. Quant à la petite pièce de caoutchouc qu'on fixe au bas du garde-boue pour éviter les éclaboussures, il s'agit de la **BAVETTE**. Donc, au lieu de dire: j'ai fixé un « garde-boue » à l'« aile » de mon vélo, on dira: j'ai fixé une **BAVETTE** au **GARDE-BOUE** de mon vélo.

20. Air conditionné

Une pièce de la maison, une voiture, une salle de spectacle, un autocar peuvent être climatisés, mais l'air, lui, est conditionné. De nos jours, on ne parle plus d'« air climatisé », mais plutôt d'**AIR CONDITIONNÉ**. Inversement, on ne peut pas dire qu'une pièce, qu'une voiture ou qu'une salle de spectacle est « conditionnée ». Autrement dit, une chose est **CLIMATISÉE** lorsqu'elle est rafraîchie à l'**AIR CONDITIONNÉ**. De la même manière, on parlera du **conditionnement de l'air**, mais de la **climatisation** d'une salle ou d'un véhicule.

21. Airfoam et styrofoam

Le matériau spongieux que certains nomment encore « airfoam » s'appelle simplement **CAOUTCHOUC MOUSSE**. Le terme **mousse de caoutchouc** est également correct. Quant au « styrofoam », en français, le terme technique désignant ce produit est **MOUSSE DE POLYSTYRÈNE** et le terme commercial est **STYROMOUSSE**. Le matin, au bureau, on boit parfois son café dans des verres de styromousse.

22. Ajouter et rajouter

Ajouter, c'est le fait de mettre quelque chose en plus. Par exemple, on peut **AJOUTER** de la crème fouettée à un dessert. **Rajouter**, c'est le fait d'ajouter *de nouveau*. Par exemple, si vous n'avez pas mis suffisamment de crème sur votre dessert, vous pouvez en **RAJOUTER**, c'est-à-dire en ajouter de nouveau. Pour rajouter quelque chose, il faut qu'on en ait déjà ajouté auparavant.

23. Album

Le terme **album** est un anglicisme lorsqu'il sert à désigner deux ou plusieurs disques présentés sous une forme qui rappelle celle d'un livre. Dans ce cas, on doit plutôt parler de **COFFRET**. En français, un album est un enregistrement de plusieurs pièces musicales qui peuvent être distribuées sur différents supports. On peut dire, par exemple : cette chanteuse a vendu 900 000 exemplaires de son dernier album : 600 000 disques et 300 000 cassettes. L'utilisation d'album au sens de disque est encore critiquée, mais tend à s'imposer.

24. Alcool (prononciation)

Dans le mot **alcool** et ses dérivés, les deux **o** se prononcent comme un seul. On doit donc prononcer ALCOL, ALCOLIQUE, ALCOLISÉ, etc. Il faut éviter les prononciations farfelues comme « alcool », « alco-hol » et « alco-wol » !

25. Allume-feu et briquet

Un **allume-feu** est une bûchette ou du petit bois pour allumer le feu. Le générateur d'étincelles avec lequel on allume un barbecue s'appelle **BRIQUET**, tout simplement. Le mot **allume-barbecue** est également acceptable.

26. Altération

Il est peu probable qu'un couturier fasse des altérations ! Dans ce contexte, le mot « altération » est un calque de l'anglais. En français, le mot **altération** comporte une idée de détérioration et de dégradation. Par exemple, on peut parler de l'altération d'un aliment ou d'un vin, au contact de l'air. Altération peut également être synonyme de falsification. Par exemple, on peut parler de l'altération d'un document officiel ou d'une pièce de monnaie. Cette dernière acception du terme **altération** est beaucoup plus rare. Dans le domaine de la couture, le terme approprié pour désigner une réparation ou un ajustement est **RETOUCHE**. On fait des retouches à un vêtement, ou on retouche un vêtement. Dans d'autres contextes, on remplacera l'anglicisme « altération » par **CORRECTION, MODIFICATION, RÉNOVATION** ou **RÉPARATION**.

27. Alternative et solution de rechange

Au lieu de dire qu'on a envisagé plusieurs « alternatives » avant de prendre une décision, il est préférable de dire qu'on a envisagé plusieurs **PLANS** ou plusieurs **SCÉNARIOS** avant de prendre une décision. En ce sens, « alternative » est un anglicisme. Selon le contexte, on peut également remplacer le mot **alternative** par **SOLUTION DE RECHANGE** ou **SOLUTION DE REMPLACEMENT**. Par exemple, au lieu de dire : la réflexologie est une bonne alternative pour ceux qui ont peur de l'acuponcture, on peut dire : la réflexologie est une bonne **SOLUTION DE RECHANGE** pour ceux qui ont peur de l'acuponcture.

28. AM et FM

Techniquement, on parle de modulation d'amplitude dans le cas de la bande AM et de modulation de fréquence, dans le cas de la bande FM. Logiquement, on devrait utiliser les abréviations « MA » et « MF » en français. Toutefois, il faut plutôt utiliser les abréviations anglaises **AM** et **FM** parce que ce sont des abréviations officiellement reconnues par des organismes internationaux de normalisation. Ces abréviations sont utilisées dans presque toutes les langues.

29. AM et PM

AM et *PM* sont des abréviations latines utilisées dans la langue anglaise. *AM* veut dire *ante meridiem* (avant midi) et *PM* veut dire *post meridiem* (après midi). Dans les documents officiels, dans les horaires et dans les bulletins radiodiffusés ou télédiffusés, on indique généralement l'heure selon la période de 24 heures. Par exemple, on dira qu'une émission est diffusée à **20 h** et non pas à « 8 h PM ». Par contre, dans la langue de tous les jours, on peut dire 8 h du matin et 8 h du soir. Et quand le contexte est assez clair, on peut dire 8 h, tout simplement.

30. Apporter et amener

On confond souvent ces deux verbes. La nuance est pourtant très simple. Le verbe **apporter** s'utilise avec des choses, des objets inanimés, tandis que le verbe **amener** s'utilise avec des personnes ou des animaux. Par exemple, on amène son enfant à l'école et on amène un cheval à l'écurie, mais on apporte un livre à la bibliothèque et on apporte un cadeau à quelqu'un.

31. Après le bip sonore...

Par définition, un bip est un signal sonore. Il est donc redondant de dire « après le bip sonore », il faut dire **APRÈS LE BIP**, tout simplement. On peut aussi dire : après le timbre ou, comme on entend en France, après le top.

32. Argents

En français moderne, il est très rare que le mot **argent** s'emploie au pluriel. Plus précisément, au sens de crédits ou de fonds, le mot **argents** (au pluriel) est considéré comme un archaïsme. Par exemple, au lieu de parler des « argents » votés par le parlement, on parlera plutôt des **CRÉDITS** votés par le parlement. On peut aussi retenir que, dans la plupart des cas, il suffit de remplacer le mot argents par **SOMMES**. Par exemple, au lieu de dire les « argents » affectés à l'entretien des routes, on peut dire, les sommes affectées à l'entretien des routes.

33. Arroseur et arrosoir

L'**arrosoir** est l'ustensile qu'on utilise pour arroser les plantes à l'intérieur ou autour de la maison. C'est une sorte de pot en métal ou en plastique avec une anse, dans lequel on met de l'eau et parfois des engrais. La partie trouée d'où sort l'eau s'appelle la **pomme**. Par ailleurs, l'appareil automatique qui sert à arroser les pelouses s'appelle **arroseur** et non « arrosoir ». Les types d'arroseurs les plus communs sont l'arroseur rotatif, l'arroseur oscillant et l'arroseur canon (en anglais *sprinkler*).

34. Articulé

En français, **articulé** se dit surtout des choses qui sont construites avec des articulations qui permettent un mouvement. Par exemple, une poupée articulée est une poupée dont les membres se plient. Une lampe peut être articulée. En anglais, par ailleurs, l'adjectif *articulate* se dit des personnes qui ont de la facilité à s'exprimer. Utilisé en ce sens, l'adjectif **articulé** est un anglicisme. Quand on parle d'une personne qui s'exprime avec aisance on peut dire de celle-ci qu'elle est **ÉLOQUENTE**, qu'elle **S'EXPRIME BIEN** ou qu'elle a **UNE GRANDE FACILITÉ D'EXPRESSION**. Dans certains contextes, on peut également remplacer l'anglicisme « articulé » par **COHÉRENT, RATIONNEL, SENSÉ, MÉTHODIQUE.**

35. Asphalte et pavage

L'enfer est peut-être pavé de bonnes intentions, mais les rues de la ville ne sont pas « pavées d'asphalte » ! Le **pavage** est l'action de paver (c'est-à-dire de recouvrir une surface de pavés) ou le résultat de cette action (c'est-à-dire la chaussée recouverte de pavés). Les pavés sont des blocs cubiques, semblables à des briques, qu'on retrouve dans les rues du Vieux-Montréal et du Vieux-Québec, notamment, ainsi que dans les passages pour piétons aux intersections de certaines rues. Dans la plupart des rues des villes modernes, c'est de l'asphalte qu'on retrouve et non des pavés. Aussi, l'action de recouvrir une chaussée d'asphalte et son résultat s'appellent **ASPHALTAGE** et non « pavage ». Le mot **asphalte** est masculin. On doit donc dire **DU BEL ASPHALTE NEUF** et non « de la belle asphalte neuve » !

36. Association du cancer

Une association regroupe des personnes. On dira, par exemple : l'Association des propriétaires, l'Association des gens d'affaires ou l'Association des étudiants étrangers. On peut également mettre l'accent sur la raison d'être de l'association plutôt que sur les personnes qui en font partie : l'Association pour la défense des droits des enfants, l'Association pour la prévention des actes criminels ou l'Association pour l'avancement de la science. Il arrive qu'on utilise une tournure elliptique : l'Association du cancer. On suppose que l'association regroupe les gens qui sont touchés de près ou de loin par la maladie (les personnes atteintes, leur famille, les médecins spécialistes, etc.) En français moderne, on accepte que les associations ne regroupent pas directement des personnes : l'Association des commissions scolaires, l'Association des centres hospitaliers, l'Association de la pêche sportive, etc.

37. Ataca, atoca ou canneberge

Ces trois noms sont corrects. La **canneberge** est une variété nord-américaine d'airelle qui pousse dans les marais (l'airelle est une petite baie ressemblant à notre bleuet). **Ataca** (ou **atoca**) est un mot amérindien qui signifie, justement, airelle des marais. On peut donc dire qu'ataca et atoca sont des canadianismes de bon aloi et de bon goût !

38. Au niveau de

Au niveau de est devenue une expression passe-partout qu'on utilise parfois sans réfléchir à ce qu'elle signifie concrètement. La locution **au niveau de** signifie à la même hauteur que. On dira, par exemple : il avait de l'eau au niveau de la ceinture (c'est-à-dire qu'il avait de l'eau jusqu'au niveau physique de sa taille). On peut également dire : les problèmes de cet organisme se situent au niveau de la direction (la direction est un niveau hiérarchique). Dans la plupart des autres cas, il faut remplacer « au niveau de » par : **SUR LE PLAN DE, DU POINT DE VUE DE, EN CE QUI CONCERNE, EN CE QUI A TRAIT À, DANS LE DOMAINE DE, EN MATIÈRE DE, À PROPOS DE, QUANT À,** etc.

Comme vous pouvez constater, ce ne sont pas les solutions de rechange qui manquent ! Donc, au lieu de dire : « au niveau de » la langue, Radio-Canada essaie de donner l'exemple, il est plus correct de dire : **EN MATIÈRE DE** langue ou **DANS LE DOMAINE DE** la langue, Radio-Canada essaie de donner l'exemple.

39. Aucun ou aucuns

L'adjectif indéfini **aucun** est presque toujours employé au singulier. Toutefois, il prend la marque du pluriel lorsqu'il est placé devant un nom qui n'a pas de singulier. Par exemple, on dira : cette modification n'entraînera **AUCUNS FRAIS SUPPLÉMENTAIRES. Aucuns** prend la marque du pluriel parce que le mot frais, au sens de dépense, est *toujours pluriel.* En effet, on ne dira jamais « un frais ». De la même manière, on dira : il demande qu'il n'y ait **AUCUNES FUNÉRAILLES**. Là encore, **aucunes** est pluriel puisque funérailles n'a pas de singulier.

40. Autoroute (genre)

On entend certaines personnes dire « un » autoroute. Autoroute est un mot féminin. Voici un petit truc : **UNE** autoroute est **UNE** route pour les autos !

41. Averse de neige

L'Office de la langue française accepte l'utilisation de l'expression **averse de neige** depuis un certain nombre d'années. Une averse est une précipitation subite et abondante, quelquefois violente, mais toujours de courte durée. Les averses ont la particularité de commencer et de s'arrêter brusquement. Les expressions **averse de neige** et **averse de grêle** sont correctes. Toutefois, on évitera généralement de dire « averse de pluie ». Quand il s'agit de pluie, on doit parler d'averse tout court. Dans la plupart des cas, **averse de pluie** est une expression redondante.

42. Aveugle (prononciation)

Le **eu** d'aveugle rime avec le **e** de je, pas avec le **eu** d'aveu. Il faut donc prononcer A-VE-GL et non pas A-VEÛ-GL. Cette règle vaut également pour les mots **beurre**, **sœur**, **fleur**, etc.

43. Avez-vous complété votre rapport d'impôt ?

Il faut remplacer l'expression fautive « rapport d'impôt » par DÉCLARATION D'IMPÔT SUR LE REVENU ou, plus simplement, DÉCLARATION DE REVENUS. L'expression DÉCLARATION FISCALE est également correcte, mais moins répandue. On peut aussi parler de « déclaration d'impôt », mais l'expression manque un peu de précision (il pourrait s'agir d'impôt foncier, par exemple). Quant au verbe « compléter », il s'agit d'un anglicisme dans ce contexte. On REMPLIT une déclaration de revenus, comme on remplit un formulaire, un questionnaire, etc. Donc, au lieu de demander à quelqu'un : avez-vous complété votre rapport d'impôt ? il faut plutôt lui dire : avez-vous REMPLI votre DÉCLARATION DE REVENUS ?

44. Avoir l'air bonne

L'adjectif qui suit la locution **avoir l'air** s'accorde avec le sujet du verbe quand le sujet est une chose. On peut donc dire qu'une pomme a l'air bonne. Par contre, si le sujet du verbe désigne une personne, l'adjectif peut s'accorder avec le sujet du verbe ou demeurer au masculin. On dira, par exemple : cette femme a l'air bonne ou cette femme a l'air bon, c'est-à-dire que l'air de cette femme est bon. Quand on veut insister sur l'apparence, sur l'air, l'adjectif demeure masculin. En français moderne, toutefois, on a plus volontiers tendance à accorder l'adjectif avec le sujet du verbe qu'avec le mot air.

45. Avoir le meilleur sur

On ne peut pas dire qu'une équipe « a eu le meilleur sur » une autre. Il faut plutôt dire que cette équipe en **A DÉFAIT, BATTU** ou **VAINCU** une autre. On peut également dire que cette équipe **L'A EMPORTÉ SUR** une autre ou encore que cette équipe **A TRIOMPHÉ D'**une autre. Et en contexte, quand on sait de quelles équipes il s'agit, on peut dire que l'équipe X **A REMPORTÉ LA PARTIE**, tout simplement.

46. Avoir quelque chose pour une chanson

L'expression « je l'ai eu pour une chanson », qu'on entend un peu partout (même dans les publicités) est le calque de l'expression anglaise *I had it for a song*. Il faut remplacer cet anglicisme par l'équivalent français bien connu **JE L'AI EU POUR UNE BOUCHÉE DE PAIN.**

47. Avoir sommeil et s'endormir

Le verbe pronominal **s'endormir** est très français, mais il arrive souvent qu'on l'utilise dans un sens qui n'est pas le sien. S'endormir signifie commencer à dormir. Par exemple, si on dit : je m'endors, on veut dire qu'on est en train de s'assoupir, qu'on est littéralement sur le point de dormir. D'ailleurs, il est assez rare qu'on ait à dire **je m'endors** puisque lorsqu'on est sur le point de s'endormir, on n'a généralement pas la force de le dire ! Par ailleurs, si on veut dire qu'on est fatigué et qu'on ne pense qu'à aller se coucher pour dormir, il ne faut pas dire « je m'endors », mais plutôt **J'AI SOMMEIL**. Donc, au lieu de dire « je m'endors, je vais me coucher », on dira plutôt : **J'AI SOMMEIL, JE VAIS ME COUCHER**. Si on veut insister davantage, on peut dire : **JE TOMBE DE SOMMEIL** ou **JE TOMBE DE FATIGUE**. On peut aussi utiliser l'expression imagée **JE DORS DEBOUT**.

48. Babouches et gougounes

La **babouche** est une chaussure sans talons qui couvre les orteils et qu'on porte dans les pays islamiques. La babouche est une sorte de mule, une sorte de pantoufle. On peut porter la babouche à la maison ou dans la rue. Il ne faut pas confondre la babouche et la sandale. La **sandale** est une chaussure légère avec ou sans talon, dont la semelle est retenue au pied par des lanières ou des bandes. On peut porter la sandale à la plage ou à la piscine, mais cette chaussure n'est pas vraiment conçue pour cette utilisation. Par ailleurs, les sandales de caoutchouc retenues au pied par une bride en V passant entre le gros et le deuxième orteil s'appellent **TONGS** (on doit prononcer le **g**). Évidemment, le terme « gougounes » est un barbarisme à éviter !

49. Baladeuse et lampe d'architecte

On confond souvent la lampe d'architecte et la baladeuse. La **lampe d'architecte** est une lampe articulée qu'on peut plier à volonté et qu'on fixe à une table de travail à l'aide d'une pince ou d'un support de fixation quelconque. Quant à la **baladeuse**, il s'agit simplement d'une lampe munie d'une poignée et d'un long cordon. L'ampoule électrique de la baladeuse est généralement entourée d'un grillage qui ressemble un peu à une petite cage. C'est la lampe que les mécaniciens utilisent. Contrairement à la lampe d'architecte, la baladeuse n'a aucune articulation.

50. Balance (reste)

En français, le mot **balance** désigne les instruments qui servent à peser. Au sens figuré, la **balance** est un état d'équilibre. On peut parler, par exemple de la balance commerciale. Toutefois, contrairement au mot anglais *balance*, le mot français **balance** n'a jamais le sens de reste. On peut dire, par exemple : vous prenez les documents qui vous intéressent et vous jetez **LE RESTE**, ou vous jetez **LES AUTRES**, mais vous ne jetez pas la « balance ». Selon le contexte, on peut également remplacer l'anglicisme « balance » par **DIFFÉRENCE** ou **SOLDE**. Par exemple, on peut parler du **SOLDE** d'un compte.

51. Balance et pèse-personne

Balance est un terme générique. Une balance est un appareil qui sert à peser. Il existe plusieurs types de balances. Pour les personnes, les bébés et les lettres, on utilise respectivement les termes **PÈSE-PERSONNE**, **PÈSE-BÉBÉ** et **PÈSE-LETTRE** (au pluriel : pèse-personnes, pèse-bébés et pèse-lettres). Bien sûr, il n'est pas défendu d'utiliser le mot **balance** pour désigner l'appareil qui sert à peser les personnes. Toutefois, il faut noter qu'en français moderne, on utilise essentiellement le terme **balance** pour désigner les appareils servant à peser les *marchandises*.

52. Banc de neige et congère

BANC DE NEIGE est un canadianisme de bon aloi et il ne faut surtout pas se priver de l'utiliser ! Un banc, c'est une accumulation de quelque chose. On peut parler d'un banc de sable, d'un banc de pierre ou d'un banc de glace (banquise). Techniquement, un **banc de neige** est un amas de neige entassée par le vent ou le déneigement. Même si dans le reste de la francophonie on dit plutôt **congère** (qui, soit dit en passant, est un mot féminin), on a de meilleures chances de se faire comprendre chez nous si on dit BANC DE NEIGE !

53. Bar à salades

En français, un bar est un débit de boissons alcoolisées. « Bar à salade » est le calque de l'anglais *salad bar*. L'Office de la langue française recommande l'utilisation du terme TABLE À SALADES pour désigner le comptoir dans les restaurants où les clients vont composer eux-mêmes leur salade. BUFFET À SALADES et COMPTOIR À SALADES sont également acceptés. La vitre protectrice qui surplombe la table à salades et que nos amis anglophones appellent *sneeze-guard* s'appelle VITRE HYGIÉNIQUE. Les termes PARE-HALEINE et PROTÈGE-HALEINE sont également attestés.

54. Barguiner

Toutes nos fautes de français ne nous viennent pas nécessairement de l'anglais ! Le verbe « barguiner » en est un bon exemple. Du XIIe au XVIe siècle, le verbe **bargaignier** était communément utilisé en français. Selon le contexte, il pouvait signifier marchander, contester ou hésiter. D'ailleurs, le verbe **barguigner** existe toujours. Il est synonyme d'hésiter. Les Anglais on adopté et adapté ce verbe qui est devenu « *to bargain* ». Il est possible que certaines personnes disent « barguiner » sous l'influence de l'anglais, mais il est également probable que nos aïeuls employaient le mot « barguiner » sans même jamais avoir entendu parler du verbe anglais *to bargain*. En français moderne, le verbe **bargaignier**, au sens de marchander, est considéré comme archaïque. C'est d'ailleurs le verbe **MARCHANDER** qu'il faut utiliser. Dans les conversations familières, on peut toujours recourir à certains archaïsmes, mais si on veut être compris du reste de la francophonie, il est préférable de s'en tenir au français contemporain.

55. Bas et chaussettes

En français moderne, le **bas** est un vêtement, généralement fait de nylon, qui couvre la jambe jusqu'au haut des cuisses. Techniquement, le terme **bas** désigne ce qu'on appelle communément « bas de nylon ». Il s'agit d'un vêtement féminin, en principe, du moins... Par ailleurs, la **chaussette** est un bas court qui ne recouvre que le pied et la jambe, sous le genou. Cette distinction est assez récente et l'utilisation de bas pour chaussette devrait être considérée comme un régionalisme et non comme une faute véritable.

56. Baskets, tennis, espadrilles, chaussures d'entraînement

Les espadrilles sont des souliers d'été en toile dont les semelles sont de corde tressée ou de crêpe. Ce sont des chaussures légères qu'on porte surtout pour leur confort. Il ne faut pas confondre les espadrilles avec les souliers lacés à semelles antidérapantes qu'on chausse pour les activités sportives.

Principaux types de chaussures utilisées pour la pratique des sports

Chaussures d'entraînement

Ces chaussures sans talon sont généralement faites de toile robuste ou de cuir. Elles sont parfois agrémentées de bandes de couleur. On a souvent tendance à désigner ces chaussures par leur marque de commerce.

Tennis

Ces chaussures sont semblables aux chaussures d'entraînement, mais elles sont plus légères et leurs semelles sont plus souples. À l'origine, les tennis étaient le plus souvent confectionnés en toile blanche. Aujourd'hui, on en fabrique également en toile de couleur et même en tissu imprimé. Le mot **tennis** est masculin ou féminin dans ce cas.

Baskets

Les baskets s'apparentent davantage aux bottillons qu'aux souliers. En général, les baskets comportent des contreforts pour assurer la protection des chevilles. Le mot **basket** est féminin et se prononce BASQUETTE.

NOTA : Le barbarisme *chouclaque* et les anglicismes *soulier de course* et *running shoe* sont évidemment à éviter.

57. Bâtiment, immeuble, bâtisse, édifice

Bâtiment

Le mot **bâtiment** est le terme le plus général. Un bâtiment est une construction destinée à abriter des personnes, des animaux ou des installations quelconques. Une maison est un bâtiment, une grange est un bâtiment, une église est un bâtiment et, dans la langue de la marine, un navire est un bâtiment.

Immeuble

L'immeuble est un bâtiment de grandes dimensions. On ne peut pas dire qu'une maison unifamiliale est un immeuble. Par contre, une tour d'habitation de trente étages est un immeuble.

Bâtisse

La bâtisse est aussi un bâtiment de grandes dimensions, mais en général, on utilisera le terme **bâtisse** pour désigner des bâtiments qui sont très peu esthétiques. Disons que bâtisse est un terme plutôt péjoratif. Si on vous dit que vous habitez une grosse bâtisse, ne soyez surtout pas flatté !

Édifice

L'édifice est un bâtiment de grandes dimensions qui a une valeur architecturale. Par exemple, l'hôtel de ville de Toronto est un édifice très connu. Le château Laurier, le château Frontenac et beaucoup d'anciens bâtiments sont aussi des édifices. Il faut faire attention de ne pas utiliser le mot **édifice** à toutes les sauces. Le terme le plus neutre pour désigner un grand bâtiment est **immeuble**. Il faut réserver le mot **édifice** aux immeubles de *prestige*.

58. Batterie et pile

Le mot **batterie** est un anglicisme lorsqu'il est utilisé au sens de pile. Une pile est un appareil qui transforme en énergie électrique l'énergie dégagée par une réaction chimique. Ce qu'on utilise pour faire fonctionner les lampes de poche, les baladeurs et les jouets sont des **PILES** et non des « batteries ». En français, une batterie est un ensemble de chose. Par exemple, on peut parler d'une batterie d'artillerie (canons, missiles, munitions, explosifs, obus, etc.). Dans la langue de tous les jours, le mot **batterie** est surtout associé à des domaines précis. On parlera, par exemple, d'une batterie de cuisine (ensemble des ustensiles de cuisine, des chaudrons, etc.). Dans le domaine de la musique, on peut également utiliser le terme **batterie** pour désigner l'ensemble des instruments de percussion d'un orchestre. En médecine et dans certains domaines techniques, l'expression **batterie de tests** désigne une succession de tests.

59. Battre son plein (origine de l'expression)

Voilà un problème qui a longtemps divisé les grammairiens. De nos jours, cependant, tout le monde semble s'entendre sur la question. **Battre son plein** vient de l'expression **la mer bat son plein**. Ce qu'on appelle le plein de la mer est en fait la marée haute. Quand la mer bat son plein, elle est à son plus haut niveau. C'est la marée haute. Au figuré, battre son plein signifie atteindre son point culminant, son moment le plus intense. Par exemple, au milieu d'un festival, quand l'ambiance est bien établie et que toutes les activités sont amorcées, on dira que le festival bat son plein.

Pour ce qui est de l'utilisation de **battre son plein** avec un sujet pluriel, certains grammairiens ont suggéré qu'il fallait toujours dire battre son plein, jamais battre leur plein. Selon eux, il aurait fallu dire : les réjouissances battent son plein, parce qu'ils croyaient que **battre son plein** venait de l'expression **les tambours battent son plein** (c'est-à-dire que les tambours battent fort, le **SON** des tambours est plein). Il y a longtemps que cette hypothèse a été écartée. Par conséquent, il est très correct de dire : les réjouissances battent **LEUR** plein. Il faut noter, toutefois, que l'adjectif possessif **leur** et le nom **plein** restent toujours singuliers dans cette locution.

60. Bed-and-breakfast

« Bed-and-breakfast » n'est pas encore accepté en français. Il existe deux équivalents pour remplacer l'anglicisme. Tout d'abord, le terme recommandé par Radio-Canada est **CHAMBRE D'HÔTES.** C'est d'ailleurs le terme le plus répandu dans toute la francophonie. Le ministère du Tourisme du Québec utilise plutôt **GÎTE TOURISTIQUE** dans ses dépliants. Les termes **café-couette** et **couette-et-café** sont de belles trouvailles. Il faut noter, toutefois, que **café-couette** est une chaîne de chambres d'hôtes française (le terme **café-couette** est une marque de commerce française) et que **couette-et-café** est une chaîne de chambres d'hôtes québécoise.

61. Bélinographe

Le **bélinographe**, ou le **bélino**, comme on l'appelait familièrement, est l'ancêtre de nos télécopieurs modernes. Cette invention du début du siècle se retrouve à peu près uniquement dans les musées ! Dans les bureaux modernes, on utilise plutôt le télécopieur.

62. Biaisé

« Biaisé » est le calque de l'anglais *biased.* En général, on peut traduire l'anglicisme « biaisé » par **TENDANCIEUX** (en parlant d'une chose), **PARTIAL** (en parlant d'une personne) ou **SUBJECTIF** (en parlant d'une chose ou d'une personne). Par exemple, au lieu de dire que les propos d'une personne sont « biaisés », on peut dire que les propos de cette personne sont tendancieux ou subjectifs. De même, au lieu de dire que le jury est « biaisé », on peut dire que le jury est partial ou, selon le contexte, que les membres du jury ont des préjugés. Finalement, au lieu de dire à quelqu'un qu'il est « biaisé », on peut dire à cette personne qu'elle manque d'objectivité.

63. Bicyclette de montagne ou vélo tout terrain

« Bicyclette de montagne » est un calque de l'anglais *mountain bike.* Ce terme n'est pas carrément condamnable, il est simplement un peu trop restrictif. En effet, ce type de vélo n'est pas utilisé exclusivement dans les sentiers de montagne. On peut l'utiliser à la ville comme dans les sentiers et les routes plus accidentées. C'est d'ailleurs pourquoi le terme correct pour désigner ce type de véhicule est **vélo tout terrain**. Contrairement au vélo standard, le vélo tout terrain a des roues et des pneus surdimensionnés et un changement de vitesses à faible rapport. L'abréviation **VTT** est très populaire un peu partout dans la francophonie. D'ailleurs, on appelle **vététistes** les adeptes du VTT.

64. Bicyclette et vélo

Le mot **bicyclette** est tout a fait correct. Toutefois, il est bon de savoir que ce terme est de plus en plus considéré comme un terme administratif dans le reste de la francophonie. Dans la langue de tous les jours, on utilise plutôt le mot **VÉLO**.

65. Bienvenue

La formule de salutation **bienvenue!** est tout à fait correcte. Par exemple, on peut dire à un invité: bienvenue chez moi! Cette formule correspond à: soyez le bienvenu chez moi! Par contre, le fait de répondre « bienvenue » après une formule de remerciement constitue un anglicisme. Les anglophones répondent *you're welcome* lorsqu'on leur dit *thank you*. L'anglicisme « bienvenue » est encore très répandu. Ce ne sont pourtant pas les équivalents français qui manquent. On peut répondre, selon le ton de la conversation: **DE RIEN, JE VOUS EN PRIE, IL N'Y A PAS DE QUOI** (ou, dans la langue parlée, **PAS DE QUOI**), **C'EST MOI QUI VOUS REMERCIE, C'EST VRAIMENT LA MOINDRE DES CHOSES**, etc.

66. Bikini et deux-pièces

Le bikini est une sorte de maillot deux-pièces, mais le maillot deux-pièces n'est pas nécessairement un bikini! Le deux-pièces est un maillot de bain formé d'un soutien-gorge et d'une culotte. Le bikini, par ailleurs, est un maillot deux-pièces composé d'un soutien-gorge très échancré et d'une culotte triangulaire extrêmement réduite. L'origine du mot est assez cocasse. Bikini est un atoll du Pacifique où a eu lieu une explosion atomique expérimentale à la fin des années 1940. La société française qui a commercialisé le fameux deux-pièces a choisi le nom **bikini** parce que le maillot était censé produire un effet explosif!

67. Bille et billot

Il faut faire la distinction entre les termes **billot** et **bille**. Le **billot** est un tronçon de bois gros et court sur lequel on fend le bois. Autrefois, on utilisait également le billot pour appuyer la tête d'un condamné à mort qu'on allait décapiter. Par ailleurs, on appelle **billes** les grosses pièces de bois d'environ 1,50 m, découpées à même le tronc d'un arbre. La bille est ce qu'on appelle familièrement «pitoune» dans la langue populaire. Lors de la crise du verglas de 1998, Hydro-Québec a largué des **BILLES** de bois (et non pas des «billots») sur les fils électriques pour les déglacer.

68. Blague, histoire, farce, tour, plaisanterie, canular

Une **blague** est une histoire imaginée à laquelle on essaie de faire croire. On raconte une blague à quelqu'un dans le but bien précis de le faire marcher. Raconter une blague est synonyme de monter un bateau à quelqu'un ou de mener quelqu'un en bateau.

Une **histoire drôle** est un bref récit dont la chute est comique. La personne à qui on raconte une histoire sait généralement dès le départ qu'il s'agit d'une histoire. D'ailleurs, on commence souvent une histoire en disant: connais-tu l'histoire du gars... En racontant une histoire à quelqu'un, on ne tente pas de le tromper, mais tout simplement de le faire rire.

Quant aux termes **farce**, **tour** et **plaisanterie**, ils sont à peu près synonymes. Ils désignent des actes, généralement sans grande méchanceté, qui ont pour but de faire rire l'entourage aux dépens de quelqu'un.

Enfin, le **canular** est un type de plaisanterie. Il s'agit d'un stratagème plus ou moins élaboré qui a pour but de tromper quelqu'un pour s'amuser à ses dépens. Les tours présentés dans le cadre de l'émission *Surprise sur prise* étaient des canulars à grand déploiement.

69. Blanc de chèque et chèque en blanc

Le terme « blanc de chèque » est un calque de l'anglais *blank cheque*. En français, on doit plutôt parler de **FORMULE DE CHÈQUE**. Par contre, pour désigner un chèque signé dont le montant n'est pas inscrit, on peut utiliser l'expression **CHÈQUE EN BLANC**.

70. Blanc de mémoire

Le terme « blanc de mémoire » est le calque de l'anglais *blank*. En français, on dit plutôt qu'on a un **TROU DE MÉMOIRE**. Dans la langue courante, on peut aussi dire : j'ai un trou. En contexte, on devine qu'il s'agit d'un trou de mémoire !

71. Boîte postale, case postale ou casier postal

Un **casier** est un ensemble de cases ou de compartiments formant un meuble. **BOÎTE POSTALE** et **CASE POSTALE** sont les termes qu'il faut utiliser dans une adresse. Les abréviations **B.P.** ou **C.P.** sont également correctes.

72. Boîtes

Boîte téléphonique

« Boîte téléphonique » est le calque de l'anglais *telephone booth*. En français, pour désigner les petits édicules qui abritent les téléphones publics, on parle plutôt de CABINE TÉLÉPHONIQUE. Toutefois, les nouveaux systèmes de messagerie vocale offerts par les entreprises de télécommunications s'appellent **BOÎTES** vocales.

Boîte de scrutin

« Boîte de scrutin » est le calque de l'anglais *ballot box*. En français, on dépose les bulletins de vote dans des URNES, d'où l'expression **aller aux urnes**.

Boîte de camion

La partie d'un camion où on met les marchandises s'appelle CAISSE.

73. Bonhomme sept heures

Bonhomme sept heures est une expression pittoresque qui est très acceptable dans la mesure où on l'utilise dans les conversations familières. En France, on parle plutôt du **croque-mitaine** ou du **père Fouettard**. Le bonhomme sept heures, comme ses deux cousins français, est un personnage imaginaire dont on menace les enfants pour les effrayer ou pour les inciter à nous obéir. Quand j'étais enfant, on nous faisait croire que le bonhomme sept heures passait dans les rues à sept heures pour enlever les enfants qui n'étaient pas encore rentrés à la maison. Il existe une hypothèse plausible quant à l'origine de l'expression. Il s'agirait vraisemblablement de la déformation du terme anglais *bone-setter*, c'est-à-dire le rebouteur (qu'on appelle communément « ramancheur »). Le *bone-setter*, qui était au demeurant une personne fort utile, était quand même réputé pour faire mal et les enfants en avaient peur. Et pour cause! Chaque fois que cet étrange personnage se présentait quelque part, on entendait quelqu'un pousser des cris de douleur! Avec les années, le *bone-setter* est devenu le « bonne-setteur », puis le bonhomme sept heures.

74. Bouffer

Aujourd'hui, le verbe **bouffer** est un terme populaire qui signifie **manger**. Il n'y a pas si longtemps, toutefois, ce verbe était considéré comme vulgaire. Les gens mangeaient et les animaux bouffaient. Au XIIe siècle, **bouffer** signifiait **souffler en gonflant ses joues**. C'est d'ailleurs de là que viennent les mots **bouffant** et **bouffi**. Comme les personnes qui mangent beaucoup ont parfois les joues gonflées de nourriture, le rapprochement n'était pas très difficile à faire. La connotation péjorative jadis associée au verbe bouffer vient probablement du fait que **bouffer** ressemble un peu au verbe **bâfrer** qui, lui, signifie manger gloutonnement et avec excès. Bâfrer est synonyme de s'empiffrer. Quant à l'opéra bouffe, il ne s'agit pas d'un opéra qu'on écoute en mangeant! Dans ce cas, le mot **bouffe** vient de l'adjectif italien *buffo* qui signifie **drôle** d'où le mot **bouffon**.

Source: *L'Histoire surprenante et insolite de 322 mots*

75. Boyau d'arrosage

Boyau d'arrosage n'est pas un terme condamnable. Toutefois, un peu partout dans la francophonie, on considère cette expression comme vieillie. En français moderne, on parle plutôt de **TUYAU** d'arrosage.

76. Brain-stroming, remue-méninges

Un académicien a proposé d'appeler **REMUE-MÉNINGES** ce type de discussion de groupe dans laquelle chaque membre est poussé à émettre le plus d'idées et de suggestions possible sur une courte période de temps. En raison de son originalité et de sa pertinence, le terme a été retenu et est maintenant très répandu. L'anglicisme « brain-storming » est à éviter.

77. Brassière et soutien-gorge

Dans un grand magasin français, si vous demandez une brassière, on vous enverra au rayon des vêtements pour enfants. Une **brassière** est une espèce de chemisette boutonnée à l'arrière que portent les très jeunes enfants. Par ailleurs, le terme anglais *brassiere* n'a rien à voir avec ce vêtement de bébé. Il s'agirait plutôt du nom de l'un des présumés inventeurs du soutien-gorge, un certain Philippe de Brassière. C'est sous l'influence du mot américain *brassiere* (*bra*) que certaines personnes disent « brassière » au lieu de **SOUTIEN-GORGE**.

Source : *L'Histoire surprenante et insolite de 322 mots*

78. Breffage

Le terme **breffage** vient de l'anglais, mais il est attesté en français. Un breffage est une assemblée ou une réunion d'information avant un travail ou une intervention. Il s'agit d'un terme de la langue administrative. En outre, dans le domaine de l'aviation, un breffage est une réunion préparatoire à un vol ou à un exercice, au cours de laquelle on donne aux pilotes des instructions. Dans le domaine de l'information, toutefois, le terme anglais *briefing* se traduit par **POINT DE PRESSE**. Un point de presse est une brève conférence de presse dont l'objet consiste à faire rapidement le point sur des événements en cours. Le point de presse est moins officiel que la conférence de presse traditionnelle. Il sert principalement à mettre les journalistes à jour sur l'avancement d'un dossier.

79. Breuvage, liqueur et boisson gazeuse

Le mot **breuvage** est bien français, mais son sens n'est pas celui qu'on pense. Dans la langue poétique, breuvage est synonyme de potion, d'élixir, de philtre ou de nectar. En médecine vétérinaire, un breuvage est un médicament liquide qu'on injecte de force dans la gueule des animaux. Pensez-y quand un serveur ou une serveuse vous demandera: un breuvage avec ça? Au sens de boisson, « breuvage » est à la fois un archaïsme (mot de la fin du Moyen Âge) et un anglicisme (*beverage*). **BOISSON** est le terme générique qui désigne tout ce qui se boit (une boisson n'est pas nécessairement alcoolisée). Il faut également éviter d'utiliser les termes « liqueur » et « liqueur douce » pour désigner une **BOISSON GAZEUSE**. Une **liqueur** est une boisson sucrée et alcoolisée (crème de menthe, Tia Maria, Amaretto, etc.). Quant à l'expression **eau gazeuse**, elle désigne une eau minérale contenant *naturellement* un gaz.

80. Brûlement d'estomac

Le terme « brûlement » n'apparaît pas dans les dictionnaires. La sensation de brûlure qu'on ressent au creux de l'estomac quand on digère mal s'appelle **BRÛLURE**, justement. Une brûlure est une lésion causée par l'effet d'une chaleur intense. Ce terme désigne également une *sensation* de chaleur ou d'irritation. L'expression **maux**

d'estomac est correcte, mais beaucoup moins précise. En effet, tous les maux d'estomac ne sont pas nécessairement des brûlures. Quant au terme **hyperacidité**, qu'on entend parfois dans les publicités, il s'agit d'un mot scientifique assez peu utilisé dans la langue de tous les jours. D'ailleurs, les brûlures d'estomac sont une conséquence de l'hyperacidité.

81. Bulletin d'informations et de nouvelles

Les deux termes sont tout à fait synonymes. Dans les faits, toutefois, l'expression **bulletin de nouvelles** est un peu plus courante dans la langue familière. Ce qu'il faut retenir, c'est qu'un bulletin de nouvelles (ou d'informations) est une succession de nouvelles brèves réunies dans un bloc de courte durée. Par définition, un bulletin est toujours court. Il ne faut pas confondre bulletins d'informations et manchettes. Les **manchettes** présentent les faits saillants de l'actualité pendant une pause dans la programmation d'une station de radio ou de télévision.

82. Bye

La formule de salutation **bye** est acceptable dans la langue familière. De même, on peut utiliser d'autres formules étrangères comme **ciao** au lieu d'AU REVOIR et **tchin-tchin** ou **skål** au lieu d'À VOTRE SANTÉ. Ce phénomène existe dans toutes les langues. En effet, les anglophones disent généralement *God bless you* à quelqu'un qui vient d'éternuer, mais ils utilisent également le mot allemand *Gesundheit* (santé). Quant à bye-bye (ou bye tout court), il s'agit d'une expression qui est devenue à la mode en France au début des années 1930. Parfois, ces modes passent; parfois, elles restent. En général, les formules étrangères ont un caractère familier. On peut donc les utiliser dans la langue de tous les jours. Il faut noter, toutefois, qu'*il est toujours préférable d'utiliser l'expression française équivalente.* Donc, même si on peut dire « bye », il est plus correct de dire **AU REVOIR**.

83. C'est moins pire

L'expression « moins pire » est un barbarisme à éviter, au même titre que « plus pire ». En général, on peut simplement corriger la faute en ayant recours à une tournure positive. Par exemple, au lieu de dire : l'hiver est « moins pire » à Vancouver qu'à Winnipeg, on peut dire : l'hiver **EST PLUS SUPPORTABLE, PLUS TOLÉRABLE, PLUS ENDURABLE** ou **PLUS DOUX** à Vancouver qu'à Winnipeg. Selon le contexte, on peut remplacer l'expression « c'est moins pire » par **C'EST MIEUX, C'EST MOINS GRAVE, C'EST MOINS PÉNIBLE, C'EST MOINS SÉRIEUX, ÇA PORTE MOINS À CONSÉQUENCE.** Dans la langue familière, au lieu de dire « c'est pas pire », il faudrait prendre l'habitude de dire « **CE N'EST PAS MAL** ».

84. C'est songé

Le verbe **songer** est transitif indirect, c'est-à-dire qu'on peut songer À quelque chose, mais qu'on ne peut pas « songer quelque chose ». De même, une chose ne peut pas être « songée ». En général, on peut remplacer l'adjectif **songé** par **RÉFLÉCHI**.

85. Ça l'a, que l'on

En français, il arrive qu'on ajoute des lettres dites euphoniques pour éviter les hiatus ou les sonorités trop dures. Par exemple, on dira : **VIENDRA-T-IL** et non

« viendra-il ». Le **T** entre viendra et il est un **T** euphonique, c'est-à-dire un **T** qui n'a pour seule et unique fonction que de rendre l'enchaînement des deux mots plus agréable à l'oreille. Entre les mots **ça** et **a**, l'usage veut qu'on ne mette pas de **L** euphonique. Il suffit de dire **ÇA A**, en répétant clairement le **A**. On dira donc **ÇA A** été difficile, comme on dit : il viendr**A À** deux heures. En français moderne, on utilise de moins en moins le **L** euphonique.

On peut utiliser le **L** euphonique après **QUE**, **OÙ** et **SI**, lorsque le mot qui suit est le pronom indéfini **on**, mais ce n'est pas obligatoire. On dira, par exemple : que l'on, si l'on, où l'on ; mais on peut également dire : qu'on, si on, où on. Quant à **que l'on**, à moins que le verbe qui suit ne commence par **CON** ou **COM**, il n'y a aucune raison de l'employer. Par exemple, on dira : j'aimerais que l'on comprenne, pour éviter de dire : j'aimerais **QU'ON COM**prenne. Et là encore, ce n'est pas obligatoire. Par ailleurs, on préférera la formule : j'aimerais qu'on me dise... à : j'aimerais que l'on me dise (cette tournure est considérée comme affectée).

86. Ça regarde mal

Il faut retenir que seuls les êtres qui ont des yeux peuvent regarder ! Évidemment, « ça regarde mal » est un anglicisme (*it looks bad* ou *it doesn't look good*). En bon français, dans presque tous les contextes, on peut dire : **ça S'ANNONCE MAL** ou **LA SITUATION S'ANNONCE MAL**.

87. Câble à booster

Dans le vocabulaire de l'automobile, le mot correct pour traduire l'anglicisme « booster » est **RANIMER**. Donc, on ranime les batteries d'automobile, on ne les « booste » pas. On peut aussi dire **METTRE LES CÂBLES**, tout simplement. L'emploi du verbe **survolter** est critiqué dans ce cas. Survolter, c'est augmenter la tension du courant au-delà de la valeur admise. Quant aux câbles à pinces crocodile qui servent à ranimer les voitures, il s'agit de **CÂBLES D'APPOINT**, de **CÂBLES DE DÉMARRAGE** ou de **CÂBLES VOLANTS**. Des trois termes, **câble de démarrage** est peut-être le plus clair. **Câbles d'aide au démarrage** est également attesté, mais peu pratique en raison de sa longueur.

88. Calque et anglicisme

En général, on utilise le terme **anglicisme** pour désigner les expressions et les mots qui viennent de l'anglais, qu'ils soient traduits ou non. Techniquement, toutefois, la différence entre un calque et un anglicisme est la suivante : un calque est la traduction littérale d'une expression ou d'un terme anglais et l'anglicisme est une expression ou un terme anglais qu'on utilise tel quel (par exemple : « mettre l'emphase » est le calque de l'anglais *to put the emphasis on* et « car-port » est un anglicisme.) Certains anglicismes finissent par passer dans la langue, mais il est plus rare que les calques réussissent à s'imposer.

89. Camping sauvage

L'expression **camping sauvage**, qui est très à la mode depuis quelques années, est attestée en français. Ce type de camping se pratique en pleine nature plutôt que sur des terrains spécialement aménagés. Le mot **camping** se prononce à la française, à savoir **KAN-PING** et non « kammm-ping » (pensez au mot **camp**).

90. Canicule

Dans la plupart des cas, il faut parler **DE LA** canicule et non « des » canicules. Le mot **canicule** s'emploie presque exclusivement au singulier. On n'utilisera le mot **canicules** (au pluriel) que si on parle de plusieurs périodes de canicule. Par exemple, on pourrait dire : les canicules ont été rares de 1970 à 1975. En effet, on parle de plusieurs périodes de canicule dans ce cas. Techniquement, la canicule est la période d'extrême chaleur qui sévit parfois de la fin juillet à la fin août. Dans la langue courante, toutefois, on peut également appeler canicule toute période de chaleur intense, peu importe le moment de l'été où elle survient.

91. Canot, canoé et canoë

Ces trois termes sont corrects, mais ils ne désignent pas le même type d'embarcation. Le canot et le canoé sont tous les deux des embarcations légères qu'on fait avancer à l'aide d'un aviron. La différence est assez subtile. Techniquement, le **canot** est une embarcation utilisée à des fins récréatives et le **canoé** est une embarcation utilisée pour les compétitions sportives. Au Canada, on écrit **canoé**, mais dans le reste de la francophonie, on préfère la graphie **canoë**.

92. Canot et chaloupe

Le canot et la chaloupe sont des embarcations. Pour désigner tout ce qui sert d'enveloppe pour protéger les chaussures de la pluie, on doit utiliser le terme **COUVRE-CHAUSSURES**. « Canots » et « chaloupes » sont des régionalismes à éviter. Plus spécifiquement, on peut parler de **CAOUTCHOUCS** pour nommer les couvre-chaussures qui sont effectivement faits de caoutchouc. Le mot **claque** est considéré comme un canadianisme acceptable. Techniquement, la claque est la partie de la chaussure qui entoure le pied.

93. Capter et syntoniser

Capter une émission, c'est la recevoir grâce à un appareil radio. On ne peut pas capter une station de radio et encore moins un radiodiffuseur ! Quant au verbe **syntoniser**, il s'agit d'un terme technique. Syntoniser, c'est le fait d'accorder des circuits. Généralement, ce sont les techniciens qui font la syntonisation des circuits. Quand on veut dire qu'on reçoit un signal radio grâce à un appareil radio, on n'a pas à se compliquer la vie. En effet, on doit simplement dire qu'on **ÉCOUTE** la radio. Donc, au lieu de dire qu'on « capte » ou qu'on « syntonise » Radio-Canada, il suffit de dire qu'on **ÉCOUTE** Radio-Canada !

94. Caravane et roulotte

Roulotte est un terme acceptable, mais il ne désigne pas un véhicule de loisir. Une roulotte est une voiture aménagée en maison ; il s'agit d'une maison sur roue, en quelque sorte. Les forains et les romanichels qu'on voyait dans les vieux films européens vivaient dans des roulottes. De nos jours, le terme « roulotte de camping » est considéré comme vieilli. En français moderne, on parle plutôt de **CARAVANE**. Donc, quand on fait du camping haut de gamme, on utilise une **CARAVANE** et non pas une « roulotte ».

95. Cartable

En France, un cartable est un sac d'écolier. Ici, on dit plutôt sac d'école, serviette ou porte-documents, selon le type de sac. Par ailleurs, ce qu'on appelle communément le « cartable » est en réalité un **CLASSEUR À ANNEAUX** ou une **RELIURE À ANNEAUX**. Il s'agit d'une reliure rigide dans laquelle on insère des feuilles mobiles ou des cahiers troués.

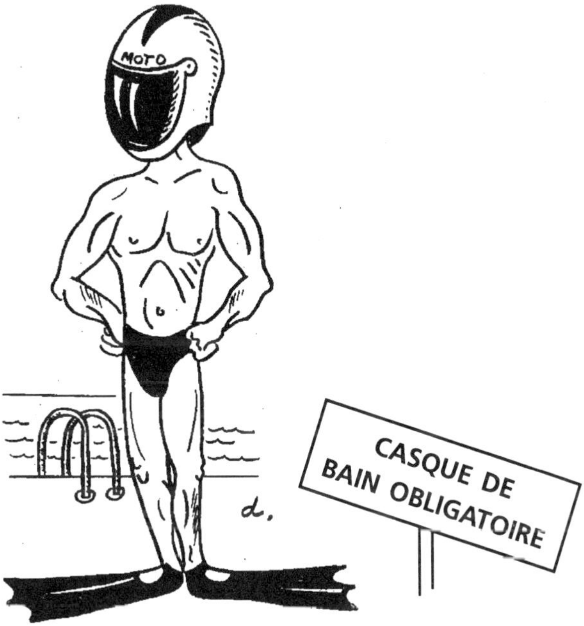

96. Casque de bain

Le **casque** est un couvre-chef fait de matière rigide servant à protéger le crâne. On met un casque pour exécuter des tâches dangereuses ou encore pour faire du vélo ou de la moto. À la piscine ou à la plage, on met plutôt un **BONNET** de bain.

97. CD et disque compact

Le terme **disque compact** est tout à fait correct. On peut également utiliser le terme **disque audionumérique** dans un contexte plus technique. Dans la langue familière, on entend également **CD**, qui est l'abréviation de *compact disc*. On a tenté de populariser l'abréviation française **DC**, mais sans grand succès. La solution la plus simple est de parler de **DISQUE**, tout simplement, puisque le disque compact est devenu la norme. Donc, au lieu de dire que Céline Dion vient de lancer son plus récent disque compact (ou cd), on peut dire que Céline Dion vient de lancer son plus récent **DISQUE**. Quand la technologie numérique a fait son apparition, on désignait parfois sous le nom de **disque laser** les disques compacts. De nos jours, le terme **disque laser** est correct, mais il n'est pas synonyme de disque audionumérique. Techniquement, le disque laser est le disque optique qu'on appelle aussi **vidéodisque**.

98. Celsius et centigrade

Les degrés Celsius sont des degrés centigrades, mais tous les degrés centigrades ne sont pas des degrés Celsius ! Les degrés qu'on utilise pour exprimer la température sont ceux de l'échelle Celsius. On dit d'une échelle qu'elle est centigrade lorsqu'elle se subdivise en cent degrés. Avant la Conférence générale des poids et mesures de 1948, degré centigrade était pour ainsi dire synonyme de degré Celsius. De nos jours, toutefois, on doit parler de degrés Celsius uniquement. Comme il est implicite dans la langue de tous les jours que les degrés qu'on utilise sont des degrés Celsius, le mot **degré** est suffisamment clair. Par exemple, on dira : il fait 12 degrés. Dans certains contextes, toutefois, on peut ajouter le mot **Celsius** pour éviter toute confusion avec les degrés Fahrenheit.

99. Cent et mille (liaison)

La règle est fort simple : on fait la liaison avec la dernière lettre du nombre. Encore faut-il savoir si le nombre se termine par un S ou pas ! Dans le cas de 1000, c'est extrêmement simple puisque le nombre **mille** est *toujours invariable*. Ce sont les nombres 20 et 100 qui nous posent certains problèmes. Vingt et cent prennent la marque du pluriel quand ils sont multipliés par un nombre et qu'ils ne sont pas suivis d'un autre adjectif numéral. Par exemple, on écrira **DEUX CENTS**. Par contre, on écrira **DEUX CENT CINQUANTE**. Dans ce dernier cas, **cent** reste invariable parce qu'il est suivi d'un adjectif numéral (cinquante). Voici un petit truc : deux cent un ne se prononce pas « deux cent-Z-un » ! Pour 80, la règle est exactement la même. On écrit quatre-vingts (avec un S), mais on écrit quatre-vingt-un (sans S).

Il faut faire attention aux liaisons dangereuses ! Les nombres **vingt** et **cent** employés seuls prennent la liaison en T (pensez à la Guerre de cent ans et à la chanson *J'avais vingt ans*). On dira donc cent (T) enfants parce que le mot cent n'est pas multiplié, mais on dira cinq cents (Z) automobiles. De même, on dira vingt (T) enveloppes, mais quatre-vingts (Z) arbres.

100. Cent et sou

La centième partie du dollar canadien n'est pas le « sou », mais le **CENT**. Le sou est une monnaie ancienne qui n'a plus cours depuis très longtemps. Dans la francophonie, on utilise familièrement le mot **sou** pour désigner une pièce de monnaie de peu de valeur. On retrouve également ce terme dans certaines expressions figées (être sans le sou, propre comme un sou neuf, une question de gros sous, etc.). Quant à l'expression enfantine « sou noir », elle peut être utilisée avec humour dans les conversations familières. Il est important de noter que le **T** de cent se prononce toujours, mais qu'au pluriel, le **S** est muet. Souvenons-nous que le **S** du pluriel est toujours muet en français.

101. Chainsaw

En France, on appelle **tronçonneuse** l'outil qui sert à découper le bois en tronçons. Toutefois, selon les spécialistes canadiens de l'exploitation forestière, ce terme ne serait pas tout à fait approprié puisque l'outil que les Anglais appellent *chainsaw* ne sert pas exclusivement à tronçonner. Dans la banque de données terminologiques du Bureau de la traduction (TERMIUM), on dit que le terme tronçonneuse n'est pas vraiment approprié puisque l'outil sert aussi à abattre et à ébrancher les arbres (pas seulement à tronçonner). Chez nous, l'emploi du terme **tronçonneuse** au lieu de **SCIE À CHAÎNE** peut prêter à confusion. Par conséquent, à moins de ne vouloir désigner spécifiquement l'outil qui sert au tronçonnage proprement dit, il est tout à fait correct d'utiliser le terme **SCIE À CHAÎNE** sans craindre de faire un anglicisme. Le terme « scie mécanique » est considéré comme vieilli.

102. Chaise roulante ou fauteuil roulant

D'un point de vue strictement terminologique, la différence entre la **chaise** et le **fauteuil** est très simple : le fauteuil a des bras et la chaise n'en a pas. Contrairement à la chaise, le fauteuil nous enveloppe en quelque sorte. D'ailleurs, on s'assoit **DANS** un fauteuil, mais on s'assoit **SUR** une chaise. Comme l'appareil utilisé par les personnes âgées ou handicapées a des bras, on doit donc parler de **FAUTEUIL ROULANT** et non de « chaise roulante ». Au Canada français, on a tendance à utiliser le terme « chaise roulante » sous l'influence de l'anglais *wheelchair*.

Bien sûr, le fauteuil roulant utilisé pour les compétitions olympiques n'a pas de bras ! Comme le fauteuil roulant utilisé dans la vie de tous les jours est, dans l'ensemble, assez semblable à celui utilisé dans les compétitions, il n'est pas vraiment nécessaire de faire de distinction terminologique entre les deux appareils. On a, d'une part, le fauteuil roulant standard et, d'autre part, le fauteuil roulant de compétition, tout simplement. Des membres d'une association d'athlètes en fauteuil roulant nous ont confirmé que **FAUTEUIL ROULANT** était effectivement le terme qu'ils utilisaient.

103. Chance et risque

Quelqu'un a déjà dit en ondes que c'est au Québec et à Terre-Neuve qu'on a le plus de « chances » de rencontrer un conducteur ivre sur la route ! Il faut retenir que le mot **chance** est toujours associé aux événements fortuits *heureux*. D'ailleurs, on ne dirait pas : j'ai eu la « chance » de rencontrer un conducteur ivre sur la route ! Il aurait été plus correct de dire : c'est au Québec et à Terre-Neuve qu'on **RISQUE LE PLUS** de rencontrer un conducteur ivre sur la route.

104. Chauffe-bloc et chauffe-moteur

Le dispositif de chauffage du bloc-cylindres, qu'on appelle *block-heater* en anglais, s'appelle **CHAUFFE-BLOC** ou **CHAUFFE-MOTEUR**. Le terme **chauffe-moteur** est plus général. En principe, le chauffe-bloc est un type particulier de chauffe-moteur, mais comme les distinctions sont assez subtiles, les deux termes peuvent être considérés comme synonymes. Le chauffe-moteur ne sert pas vraiment à réchauffer le moteur lui-même. Selon le type d'installation, il sert à réchauffer le liquide du radiateur ou l'huile dans le bloc-cylindres.

105. Chenilles

Ces petits chasse-neige qui circulent sur les trottoirs s'appellent **DÉNEIGEUSES DE TROTTOIR**. En contexte, le mot **déneigeuse** suffit. Les **chenilles** sont les bandes grâce auxquelles les déneigeuses se déplacent. Il ne faut pas confondre la déneigeuse et la chenillette. La **chenillette** est une sorte de véhicule de loisir tout terrain.

106. Cher et dispendieux

Certaines personnes ont l'impression de mieux parler parce qu'elles utilisent l'adjectif **dispendieux** au lieu de l'adjectif **cher**. Pourtant, ces adjectifs ont des sens assez différents. **Cher** signifie qui est d'un prix élevé. Par exemple, un chandail de 800 $ est un chandail **CHER** (au moment où sont écrites ces lignes, du moins !). **Dispendieux** qualifie ce qui entraîne de grandes dépenses. Par exemple, une maison en mauvais état peut être très **DISPENDIEUSE**, c'est-à-dire que son entretien peut entraîner beaucoup de frais. Un petit truc pour retenir le sens de ces deux adjectifs : les voitures les moins chères sont souvent les plus dispendieuses !

107. Chiffres (prononciation)

La règle est très simple. Dans le cas des chiffres **cinq**, **six**, **huit** et **dix**, et de tous les nombres qui se terminent par ces chiffres, la consonne finale se prononce devant un mot qui commence par une voyelle. On dira, par exemple, cinq (k) animaux, six (z) enfants, vingt-huit (t) ans, dix (z) étudiants, etc. Devant une consonne, ces mêmes chiffres se prononcent cin, si, hui et di. Par exemple : cin maisons, si camions, soixante-hui paires de souliers, les di commandements, etc.

Les chiffres **sept** et **neuf** se prononcent toujours sept (t) et neuf (f), même devant une consonne. On dira : les sept (t) péchés capitaux, les trente-neuf (f) marches, les cinquante-sept (t) dernières années, mille neuf (f) cent cinquante-quatre, etc. Le chiffre **neuf** a une petite particularité : on fait toujours la liaison en **F** devant une voyelle sauf devant les mots **heures**, **hommes**, **ans** et **autres**. Par exemple, on dira neu(F) artistes et neu(F) étages, mais neu(V) heures, neu(V) hommes, neu(V) ans et neu(V) autres.

Enfin, il faut être prudent avec les nombres qui se terminent par les chiffres **quatre**, **cinq**, **sept**, **huit** et **neuf**. Même les gens qui soignent leur français sont parfois tentés de dire « quatre-z-enveloppes » ou « hui-z-enfants » !

108. Chute de verglas et tempête de verglas

Techniquement, ces deux expressions sont incorrectes. On ne peut pas parler de « chute » ni de « tempête » de verglas puisque le verglas ne tombe pas du ciel. En effet, le verglas est une couche de glace fine occasionnée par la congélation de la pluie sur le sol et les objets. Si on veut parler de la précipitation elle-même, c'est-à-dire de la pluie qui se transforme en verglas une fois tombée, il faut parler de **PLUIE VERGLAÇANTE**.

109. Circulaire

Le nom féminin **circulaire** désigne une lettre de type administratif qu'on distribue à un grand nombre de personnes. Par ailleurs, les documents publicitaires distribués par les marchés d'alimentation sont des **CAHIERS PUBLICITAIRES** et non des « circulaires ».

110. Clinique

Le mot **clinique**, qu'on l'utilise comme substantif ou comme adjectif, est un terme exclusivement réservé au domaine médical. D'ailleurs, ce mot vient du grec *klinikos* qui signifie être couché. À l'origine, on utilisait le mot **clinique** pour parler de tout ce qui concernait le traitement des malades devant garder le lit. En français moderne, une clinique est un établissement privé où on soigne et opère les malades.

En anglais, on utilise le mot *clinic* pour désigner toutes sortes de réalités qui n'ont rien à voir avec la médecine. Voici quelques anglicismes formés avec le mot « clinique » :

Anglicisme	Français correct
« Clinique » de planche à voile	**STAGE** de planche à voile
« Clinique » de guitare	**ATELIER** de guitarc
« Clinique » de mécanique	**COURS INTENSIF** de mécanique
« Clinique » de sang	**COLLECTE** de sang

111. Clip et trombone

Le **clip** est un type d'agrafe utilisée en chirurgie. C'est également un court film sur vidéo. Par ailleurs, on utilise plutôt le mot **trombone** pour désigner l'attache en forme de trombone à coulisse qui sert à pincer des feuilles mobiles. Les grosses attaches s'appellent **trombones géants** ou **attaches croisées**, selon leur forme.

112. Colorer, colorier

Colorer, c'est donner de la couleur à quelque chose. Par exemple, on peut colorer le glaçage d'un gâteau en ajoutant du colorant. Colorer est à peu près synonyme de teindre. Par ailleurs, **colorier**, c'est appliquer de la couleur sur une surface, et plus particulièrement du papier. Par exemple, on peut colorier une image. Les enfants s'amusent avec des **LIVRES À COLORIER** et non des « livres à colorer ».

113. Concert et récital

Techniquement, un **concert** est une séance musicale à laquelle participent un certain nombre de musiciens. Par exemple, un orchestre symphonique donne des concerts et non des récitals. Un **récital**, par ailleurs, est une représentation musicale donnée par un seul musicien (en principe). Toutefois, en français moderne, on a tendance à parler de concert également quand un seul artiste est en vedette, pourvu qu'il soit accompagné par plusieurs musiciens. Et parallèlement, on parle quand même de récital quand un soliste est accompagné par un pianiste ou par une petite formation musicale. Ce qu'il faut retenir, c'est qu'un récital met toujours en vedette un soliste.

Le musicien qui donne un récital est un **RÉCITALISTE**. Ce terme est un néologisme assez récent calqué sur le mot **concertiste**. De même, pour désigner une personne qui se spécialise dans la musique de chambre, on utilisera le terme **CHAMBRISTE**.

114. Conditions climatiques ou atmosphériques

Il est assez rare qu'on ait à parler de conditions climatiques. On ne doit utiliser le terme **conditions climatiques** que pour parler du temps qu'il fait en général dans une région ou un pays donné (pensons au mot climat). On utilise cette expression plus souvent dans la langue scientifique que dans la langue familière. Dans les bulletins de météo et dans les conversations de tous les jours, on parle plus souvent des **CONDITIONS ATMOSPHÉRIQUES** ou des **CONDITIONS MÉTÉOROLOGIQUES**.

115. Conférence de presse

La **conférence de presse** est une convocation des journalistes ayant pour objet de communiquer une nouvelle jugée importante. En règle générale, la conférence de presse a un caractère officiel et elle s'adresse tant à la presse parlée qu'à la presse écrite. La conférence de presse peut réunir plusieurs présentateurs et spécialistes qui font des exposés et, dans la plupart des cas, répondent aux questions des journalistes présents. Très souvent, on organise une conférence de presse pour donner des explications détaillées sur un événement majeur qui vient tout juste de se produire.

116. Consolider, solidifier et renforcer

Le verbe **solidifier** signifie donner une consistance solide. Par exemple, on peut solidifier de l'eau (en la faisant geler) ou du ciment (en le faisant sécher). Quant au verbe **consolider**, il signifie rendre plus solide. Consolider est synonyme de renforcer. Par exemple, on peut CONSOLIDER ou RENFORCER un pont, mais on ne peut certainement pas le « solidifier » ! Il faut aussi préciser que le verbe « renforcir » est considéré comme un archaïsme. En français moderne, on doit plutôt dire RENFORCER. De même, il convient de remplacer « renforcissement » par RENFORCEMENT.

117. Contribuer une somme

Le verbe **contribuer** est un verbe *transitif indirect*. Autrement dit, ce verbe ne peut pas être suivi d'un complément d'objet direct. On ne peut donc pas « contribuer quelque chose ». Par conséquent, une entreprise ne peut pas « contribuer 250 000 $ ». On doit plutôt dire qu'une entreprise CONTRIBUE POUR 250 000 $ (ou qu'elle contribue pour la somme de 250 000 $). On peut également dire qu'une entreprise FOURNIT (ou VERSE) UNE CONTRIBUTION DE 250 000 $.

118. Convention, colloque, congrès, conférence, etc.

Le **colloque** et le **congrès** sont des réunions de spécialistes (médecins, juristes, traducteurs, sociologues, etc.) qui viennent échanger des idées, présenter des études ou délibérer sur des recherches ou sur un thème donné. En général, les congrès et les colloques sont constitués de conférences et d'ateliers portant sur des aspects du thème étudié. Ce qui distingue le colloque du congrès, c'est uniquement le nombre de participants. En général, un **congrès** regroupe un *nombre considérable* de spécialistes.

Le **symposium** est une sorte de colloque, mais les spécialistes qui y assistent sont des *scientifiques*. Autrement dit, un symposium est un colloque scientifique. Il faut éviter d'utiliser le mot **symposium** pour désigner un colloque qui n'est pas scientifique. Le **séminaire** est aussi une réunion à caractère scientifique, mais avec un *nombre restreint* de participants. Le séminaire est généralement animé par un professeur, un chercheur ou un spécialiste.

Enfin, au sens de congrès ou de colloque, « convention » est un anglicisme. En effet, une **convention** est une sorte d'accord.

119. Conventionnel

Contrairement à l'adjectif anglais *conventional*, l'adjectif français **conventionnel** est assez peu usité dans la langue de tous les jours. Cet adjectif a trois sens principaux :

a. *Qui résulte d'une convention ou d'un contrat*
Dans le contexte d'une convention collective, par exemple, on peut parler d'une augmentation de salaire conventionnelle, c'est-à-dire d'une augmentation de salaire conforme à la convention. Dans le domaine des relations de travail, on utilise fréquemment **conventionnel** en ce sens.

b. *Qui respecte les convenances, les conventions*
Il s'agit de l'acception la plus neutre de l'adjectif **conventionnel**. En ce sens, **conventionnel** est synonyme de **convenable**. Par exemple, on peut parler d'une tenue

conventionnelle. En français moderne, toutefois, on dira plus volontiers TENUE CORRECTE.

c. *Qui manque de naturel et de sincérité pour se conformer aux conventions*
Par exemple, on peut dire d'une personne affectée et conformiste qu'elle a une attitude conventionnelle. Cette acception de l'adjectif **conventionnel** est assez rare.

NOTA : Certains dictionnaires attestent l'utilisation de l'adjectif **conventionnel** pour désigner l'armement non nucléaire. Cette acception très technique est généralement contestée et considérée comme un anglicisme.

Emplois abusifs

Un vin préparé selon la méthode « conventionnelle »
Employé en ce sens, l'adjectif **conventionnel** est un anglicisme. Il faut plutôt parler d'un vin préparé selon la méthode TRADITIONNELLE, CLASSIQUE, HABITUELLE.

Un film « conventionnel »
Dans le cas d'un film, on dira plutôt qu'il est BANAL, ORDINAIRE, PEU RECHERCHÉ, SANS ORIGINALITÉ, etc.

120. Cooler et poêle Coleman

« Cooler » est évidemment un anglicisme. Il faut plutôt utiliser le terme GLACIÈRE. Quant au nom **Coleman**, il s'agit d'une marque de commerce. En français, on doit remplacer l'anglicisme « poêle Coleman » par RÉCHAUD DE CAMPING ou RÉCHAUD tout court (un réchaud est un poêle portatif). Si on tient à préciser la marque, qu'on dise au moins un RÉCHAUD Coleman !

121. Copie

Une copie est la reproduction d'un document d'après un original. Par conséquent, à moins que vous n'achetiez une photocopie d'un livre, vous acheter un **EXEMPLAIRE** de ce livre, et non une « copie » ! De même, on parlera d'un exemplaire d'une revue ou d'un journal. On dira, par exemple : cette revue tire à 15 000 exemplaires.

122. Coquemar, bombe, canard et bouilloire

L'archaïsme **coquemar** désigne une sorte de grand récipient avec des anses pour faire bouillir de l'eau. Ce terme pratiquement inusité dans le reste de la francophonie est encore bien vivant en Acadie. Il s'agit d'un régionalisme très pittoresque qu'on aurait tort de faire disparaître. Dans l'est du Québec, on utilise le mot « bombe » pour désigner la **bouilloire** et dans la région montréalaise, on parle plutôt du « canard ». Les expressions archaïques et régionales font partie du patrimoine linguistique et il faut savoir les apprécier. Toutefois, il est essentiel de connaître les termes normalisés utilisés par l'ensemble de la communauté francophone internationale.

123. Cortège, parade, défilé, procession

On confond souvent les termes **cortège**, **défilé**, **parade** et **procession**. Pourtant, les nuances sont faciles à retenir. Parlons d'abord du cortège. Le mot **cortège** est le terme générique. Tout groupe organisé qui avance dans la rue s'appelle un **cortège**. On peut parler d'un cortège funèbre, par exemple. On peut également parler d'un cortège de manifestants. Le **défilé** est un cortège composé de corps de cadets et de majorettes et de chars allégoriques. On peut voir des défilés à l'occasion de la Saint-Patrick et de la Saint-Jean, notamment. De même, on appelle défilé de mode (et non « parade » de mode) les présentations publiques des collections des couturiers. La « parade » est un défilé militaire. L'utilisation du mot « parade » au sens de **défilé** constitue un anglicisme. À moins que l'armée ne soit de la partie, on ne peut pas parler de parade dans le cas de la Saint-Jean-Baptiste ! Enfin, un cortège solennel ou religieux est une **procession**. Les marches religieuses qu'on faisait autrefois à l'occasion de la Fête-Dieu étaient des processions et non des parades ou des défilés.

124. Coupures

Dans un contexte financier, les mots « couper » et « coupure » sont des calques de l'anglais *cut*. Quand il est question de postes, on parle d'**ABOLIR** ou de **SUPPRIMER** des postes. On peut aussi parler de **RÉDUCTION DES EFFECTIFS**. Quand il est question de sommes d'argent, on utilise le verbe **réduire**. Par exemple, on **RÉDUIT** les dépenses, on **RÉDUIT** les salaires et on **RÉDUIT** le financement. Quant aux fameuses coupures budgétaires, il s'agit, bien sûr, de **COMPRESSIONS** budgétaires. On peut également parler de **réductions** budgétaires, mais cette expression est moins courante.

125. Cueillette des vidanges

Cueillette est un terme réservé aux fruits et aux végétaux en général. Par exemple, on peut faire la cueillette de pommes, des champignons ou des fleurs. La cueillette peut également être la récolte elle-même. Par exemple, si vous avez cueilli de beaux spécimens de champignons, vous pouvez dire que vous avez là une belle cueillette. Pour ce qui est des « vidanges », il est préférable de parler de **DÉCHETS** ou d'**ORDURES MÉNAGÈRES**. Le mot **vidange** est rarement utilisé au pluriel. Faire la vidange, c'est le fait de vider un réservoir. On peut également faire la vidange d'huile d'une automobile. Donc, au lieu de faire la « cueillette des vidanges », il faut plutôt procéder à l'**ENLÈVEMENT DES ORDURES MÉNAGÈRES** ou **DES DÉCHETS**.

126. D'ici à

D'ICI À est une locution tout à fait correcte. D'ailleurs, les grammairiens affirment qu'il faut privilégier cette formule. Par contre, même les puristes conviennent qu'il est correct d'utiliser **D'ICI**, sans le **à**, en précisant, toutefois, qu'il s'agit d'une formule plus familière. En réalité les deux formules sont courantes et correctes. On peut dire, par exemple : j'aimerais vous voir d'ici à Noël ou j'aimerais vous voir d'ici Noël. Grevisse, qui est une grande autorité en matière de grammaire, dit ce qui suit : *Après d'ici, quand il s'agit de marquer, soit un laps de temps, soit une distance, on peut mettre À pour introduire l'indication de la limite considérée, mais il y a, dans l'usage, une tendance générale à ne pas le mettre.* **CONCLUSION** : on utilise la formule qui nous vient le plus naturellement !

127. Date de péremption et date d'expiration

Évidemment, le terme « date d'expiration » est un anglicisme. La date limite à partir de laquelle un produit perd de sa qualité ou de sa fraîcheur s'appelle **DATE DE PÉREMPTION** (il faut prononcer PÉ-RAM-PTION et non « pé-rim-ption »). On peut aussi parler de **DATE LIMITE DE VALIDITÉ**, de **DATE LIMITE D'UTILISATION** ou de **DATE LIMITE DE CONSERVATION**. De tous ces termes, **DATE DE PÉREMPTION** est le plus répandu. C'est également le terme utilisé pour désigner la date limite d'utilisation d'un médicament ou d'un produit pharmaceutique.

128. De d'autres

Il ne s'agit pas d'une faute de syntaxe à proprement parler, mais plutôt d'une faute de stylistique. Quand la préposition **de** est immédiatement suivie de l'article partitif **d'**, l'usage français veux que les deux se fondent par euphonie (c'est-à-dire pour être plus agréable à l'oreille). Donc, au lieu de dire : le premier ministre cherche l'appui « de d'autres » ministres, on dira plutôt : le premier ministre cherche l'appui **D'AUTRES** ministres.

129. Débarquer et embarquer (voiture et autobus)

La terminologie maritime est encore très présente dans la langue populaire de chez nous. Les verbes **embarquer** et **débarquer** sont justement des termes maritimes. Ces verbes viennent tous les deux du mot **barque**. Donc, il est tout à fait correct de dire qu'on embarque et qu'on débarque d'un navire. Par extension, on peut également dire qu'on embarque ou qu'on débarque d'un avion ou, à la rigueur, d'un train. Par ailleurs, on **MONTE** et on **DESCEND** d'un autobus ou d'une voiture. On ne peut pas utiliser les verbes **embarquer** et **débarquer** avec des *véhicules routiers.*

130. Débuter quelque chose

Le verbe **débuter** n'a pas de forme transitive. On peut dire, par exemple : la nouvelle série d'émissions débutera dans quelques semaines. Par contre, on ne peut pas dire : nous « débuterons » la nouvelle série d'émissions dans quelques semaines. **Débuter** est à peu près synonyme de **commencer**, sauf qu'on ne peut pas le faire suivre d'un complément d'objet direct. On ne peut pas « débuter » quelque chose, mais on peut **COMMENCER, AMORCER, ENTREPRENDRE** quelque chose.

131. Décéder

Le verbe **décéder** est intransitif, c'est-à-dire qu'il ne peut pas être suivi d'un complément d'objet. On peut décéder, mais on ne peut pas « décéder de quelque chose ». En outre, en français moderne, le verbe **décéder** est considéré comme un verbe de la langue administrative. Par exemple : M. X, né le 3 octobre 1899 et décédé le 27 février 1972. Aussi, l'utilisation du verbe **décéder** est de moins en moins courante, du moins dans le reste de la francophonie. Dans la langue de tous les jours, on utilisera plutôt le verbe **MOURIR**, tout simplement. Chez nous, toutefois, on a tendance à dire **décéder** plutôt que **mourir**, par euphémisme, comme si on cherchait à atténuer la réalité. Il faut savoir, toutefois, qu'il n'est pas irrespectueux de dire qu'une personne est morte plutôt que de dire qu'elle est décédée. Si on tient à utiliser le verbe **décéder**, il faut au moins se garder de le faire suivre de la préposition **de**.

132. Découvrir le pot aux roses

La graphie moderne de cette expression est **découvrir le POT AUX ROSES**. Toutefois, à l'origine, on écrivait **découvrir le POT AU ROSE**. En réalité, il ne s'agissait pas de la rose (la fleur), mais plutôt d'une poudre rose que les femmes utilisaient pour se farder les joues. Autrefois, probablement à cause des conditions sanitaires déficientes, la peau des gens se défraîchissait vite. En effet, on n'avait pas souvent l'occasion de voir une femme d'âge mûr arborer un beau teint frais et rosé de jeune fille, à cette époque. Donc, par coquetterie, les femmes se fardaient et cachaient le pot qui contenait le rose à joue pour ne pas qu'on découvre leur secret. Quand un homme trouvait par hasard le fameux pot, il disait qu'il avait découvert le pot au rose! Aujourd'hui, on utilise cette expression quand on découvre un secret bien gardé.

133. Déductions à la source

Il ne faut pas confondre **déduction** et **retenue**. La **déduction** est la somme que le contribuable peut retrancher de son revenu total pour réduire son revenu imposable. Par exemple, les gens mariés, les personnes âgées et les religieux peuvent bénéficier de certaines déductions spéciales. En fait, tout ce qu'on retranche de son revenu imposable (les dons aux œuvres de bienfaisance, les cotisations aux ordres professionnels, etc.) sont des déductions. La **retenue**, par contre, est un prélèvement. Donc, la perception de l'impôt au moment où le contribuable reçoit sa paie s'appelle **RETENUE À LA SOURCE** et non « déduction à la source ».

134. Définitivement

En français, l'adverbe **définitivement** est synonyme de **pour de bon, pour toujours**. Par exemple, si on dit de quelqu'un qu'il est parti définitivement, on veut dire que cette personne est partie pour ne plus jamais revenir. Malheureusement, on donne souvent à définitivement le sens de l'adverbe anglais *definitely* qu'il faut rendre par **SÛREMENT, CERTAINEMENT, ASSURÉMENT, SANS AUCUN DOUTE, INDÉNIABLEMENT**, etc. Donc, si on vous demande si vous aimez Radio-Canada, répondez : **CERTAINEMENT** ! et non pas « définitivement ! ».

135. Défrayer

Défrayer signifie décharger quelqu'un de ses frais. Par exemple, si un employé fait un voyage d'affaires pour une entreprise, son employeur peut le défrayer, c'est-à-dire qu'il peut le rembourser de ses dépenses. On défraye une personne, mais on **COUVRE** les frais. Par exemple, on peut dire : cette somme pourrait servir à **COUVRIR** les frais de transport des personnes âgées. On peut également contourner le problème en disant : cette somme pourrait servir à **PAYER** le transport des personnes âgées.

136. Dépendant de, dépendamment de

Les locutions « dépendant de » et « dépendamment de » sont des formes fautives calquées sur l'anglais *depending on*. Selon le contexte, on peut remplacer ces expressions erronées par **SELON**, **SUIVANT** ou **EN FONCTION DE**. Par exemple, au lieu de dire : « dépendamment de » vos besoins ou « dépendant de » la situation, on peut dire : **SELON** vos besoins, **SELON** la situation. Par contre, la locution **INDÉPENDAMMENT DE** est tout à fait française. Elle est synonyme de **en faisant abstraction de** ou de **en plus de**, selon le cas. On dira, par exemple : indépendamment de son salaire, elle touche des commissions.

137. Dépendants et personnes à charge

Vous ne pouvez pas déclarer vos « dépendants », mais consolez-vous, vous pouvez toujours déclarer vos **PERSONNES À CHARGE** ! Dans le vocabulaire de la fiscalité, on ne parle pas de « dépendants », mais bien de **PERSONNES À CHARGE**. Le mot **dépendant** utilisé comme substantif (c'est-à-dire comme nom) est un anglicisme. Par ailleurs, l'adjectif **dépendant** est bien français, mais son sens est assez différent. Une personne dépendante est une personne qui n'est pas autonome et qui a constamment besoin d'assistance.

138. Dernières deux semaines

Les « dernières deux semaines », les « prochains trois mois », les « premières dix années », etc. sont des formules typiquement anglo-saxonnes. Il faut plutôt dire les **DEUX DERNIÈRES** semaines, les **TROIS PROCHAINS** mois, les **DIX PREMIÈRES ANNÉES**. En français, l'adjectif qualificatif se place APRÈS le nombre, sauf dans la locution les dernières (ou les prochaines) 24 heures. C'est la seule exception. Dans ce cas, la période de 24 heures est considérée comme un tout.

139. Des rumeurs à l'effet que

La locution « à l'effet que » est un anglicisme. Il faut dire **DES RUMEURS SELON LESQUELLES...** ou **DES RUMEURS VOULANT QUE...** Par contre, l'expression **à l'effet de** est correcte. Ce terme de la langue juridique signifie afin de ou dans le but de. Dans la langue courante, l'expression **à cet effet** est également correcte. Par exemple, on dira : on a pu traverser la rivière grâce au pont disposé à cet effet.

140. Dévidoir

Le chariot à tambour qui sert à enrouler les tuyaux d'arrosage s'appelle **DÉVIDOIR**. Le terme enrouleur est également correct, mais beaucoup moins poétique !

141. Diachylon

En réalité, il faut prononcer **DIA-KI-LON** et non « diachi-lon ». Dans le reste de la francophonie, le terme **diachylon** a été remplacé par **sparadrap** (on prononce spa-ra-dra). Ce mot ne s'est jamais implanté ici. Le terme le plus simple pour désigner ce type de pansement est PANSEMENT ADHÉSIF. Évidemment, « plaster » est un anglicisme !

142. Dinde (genre)

Le mot **dinde** est féminin. Si dinde était masculin, notre grand classique de la chanson folklorique québécoise s'intitulerait *Le Temps d'un dinde* ! Autrefois, on appelait la dinde et le dindon **poule d'Inde** et **coq d'Inde**. C'est de là que vient l'expression populaire « codinde », qui désigne une personne un peu bête.

143. Doggy-bag

On a proposé toutes sortes de termes pour remplacer le fameux « doggy-bag », c'est-à-dire le sac dans lequel les restaurateurs remettent aux clients qui le désirent les aliments qu'ils n'ont pas mangé. On a proposé des termes tels que **sac pour les restes**, **sac à restes** et **boîte à restes**. Le Comité de linguistique de Radio-Canada et l'Office de la langue française ont proposé **EMPORTE-RESTES**. Ce terme étant général, il peut désigner un sac, une boîte ou tout autre contenant. Bien sûr, si on a peur de ne pas être compris, il suffit de dire au serveur ou à la serveuse : j'aimerais emporter les restes, s'il vous plaît !

144. Dollar et piastre

L'unité monétaire canadienne est le **DOLLAR** et non la « piastre ». La piastre est cependant l'unité monétaire (actuelle ou ancienne) de certains pays. Le mot **piastre** est très répandu chez nous et correspond en quelque sorte aux « balles » des Français. Ainsi, dans la langue de tous les jours, l'utilisation du mot **piastre** n'est pas vraiment condamnable. Le mot **huard** est aussi acceptable dans les conversations familières. Certains ont même proposé le mot **dollhuard** ! Disons simplement que dans la langue soutenue, il est préférable de toujours utiliser le mot **dollar**.

145. Double alternative

En français, une **alternative** est une situation qui n'offre que deux possibilités. Lorsqu'on se retrouve devant une alternative, on n'a que deux choix. Il arrive souvent que ces choix soient opposés. Par exemple, un étudiant peut dire : je fais face à l'alternative suivante : je passe la nuit entière à étudier ou j'échoue mon examen. En français, l'alternative comprend les deux éventualités. Quand on est devant **UNE** alternative, on a **DEUX** choix. En anglais, par contre – et c'est probablement de là que vient la confusion – le mot *alternative* désigne chacun des choix et non l'ensemble des deux choix. C'est donc un anglicisme que de dire qu'on est en présence de « deux alternatives ».

Le dilemme est une sorte d'alternative. Toutefois, un dilemme est une alternative qui nous est imposée et dont on sort toujours perdant. En fait, un dilemme est une alternative menant à une impasse.

146. Drastique

L'adjectif **drastique** existe bien en français, mais son sens est assez différent de celui de l'adjectif anglais *drastic*. En français, on emploie **drastique** pour qualifier un remède très puissant, généralement un purgatif! C'est d'ailleurs le seul sens véritablement attesté en français. Par ailleurs, quand il est question de mesures, il faut plutôt parler de mesures **RADICALES** ou **DRACONIENNES**. Selon le contexte, « drastique » peut aussi être remplacé par **ÉNERGIQUE** ou **CONTRAIGNANT**. Certains dictionnaires, notamment le *Petit Robert*, attestent **drastique** au sens de **draconien**. Toutefois, cet emploi est encore très critiqué.

147. Drop-out et burn-out

Les termes « drop-out » et « burn-out » sont évidemment des anglicismes. Les jeunes qui abandonnent les études, généralement par manque de motivation, s'appellent **DÉCROCHEURS**. Quant au « burn-out », l'équivalent français est déjà assez répandu. Il s'agit, en l'occurrence, du terme **ÉPUISEMENT PROFESSIONNEL**. Étrangement, l'appellation technique de cette maladie est **syndrome de l'usure au travail**! Le terme **surmenage** est également correct, mais un peu moins spécifique.

148. Dû à

Dû à est un anglicisme lorsqu'il a une valeur prépositive. Autrement dit, quand on peut remplacer **dû à** par les locutions prépositives **À CAUSE DE, EN RAISON DE** ou, dans certains cas, **COMPTE TENU DE**, il s'agit réellement d'un anglicisme. Par exemple, au lieu de dire : « dû à » un problème technique, il n'y aura pas de concert ce soir, il faudrait dire : **EN RAISON D'**un problème technique ou **À CAUSE D'**un problème technique, il n'y aura pas de concert ce soir. Par contre, quand on peut la remplacer par les locutions adjectivales **ATTRIBUABLE À** ou **IMPUTABLE À**, la locution **dû à** est acceptable. Par exemple, on peut dire : le retard est dû à une panne de courant.

149. Écolier, élève, étudiant

Les termes **élève, écolier** et **étudiant** ont des sens légèrement différents. Le terme générique est **ÉLÈVE**. Il est important de retenir qu'il n'y a rien d'enfantin dans le mot **élève**. Il désigne toute personne étudiant dans un lieu d'enseignement non spécifique. On peut donc être un élève à tout âge. Le mot **écolier** désigne les enfants de l'école primaire et le mot **étudiant** désigne *exclusivement* les personnes qui vont à l'université. Donc, à la polyvalente et même au cégep (ou dans les établissements équivalents dans les autres provinces), on est **ÉLÈVE** et non pas étudiant. Au Québec, on a tendance à tolérer l'utilisation du mot **étudiant** pour désigner les élèves du cégep. Par contre, quoiqu'en disent les adolescents, on est **élève** au niveau secondaire !

150. Écorces, pelures, épluchures, etc.

La **pelure** est la peau qui recouvre les fruits et les légumes. Il s'agit d'un terme générique. Toutefois, pour certains fruits ou légumes, on utilisera un terme particulier. Par exemple, on dira : **PEAU** de banane, **ÉPLUCHURES** de pomme de terre et **ÉCORCE** d'orange. L'écorce est la pelure épaisse de certains fruits, dont les agrumes (oranges, citrons, limettes, pamplemousses, etc.).

151. Effаce

Le mot « efface » n'existe pas en français. Il faut plutôt dire **GOMME À EFFACER** ou **GOMME** tout court.

152. Effectuer (prononciation)

Dans tous les mots qui commencent par **EFF**, le **E** initial se prononce toujours **É**, jamais « è ». Par exemple, il faut prononcer **Éfficace** et non « èfficace », **Éffectuer** et non « èffectuer », **Éffronté** et non « èffronté », etc.

153. Eggnog

Le terme anglais *eggnog* est attesté dans les dictionnaires, mais l'équivalent français correct est **LAIT DE POULE**. Il s'agit d'un lait sucré auquel on a ajouté un œuf battu et parfois du whisky et de la muscade.

154. Élaborer

Le verbe **élaborer** est un verbe bien français. Il signifie préparer quelque chose avec soin et réflexion. Par exemple, on peut élaborer un plan ou une stratégie. Par contre, **élaborer** peut également être un anglicisme. En effet, il est incorrect de dire : pouvez-vous « élaborer » là-dessus ? Il faut plutôt dire : pouvez vous **PRÉCISER, COMMENTER, EXPLIQUER** ?, pouvez-vous **DÉVELOPPER VOTRE PENSÉE** ? ou pouvez-vous nous **DONNER PLUS DE DÉTAILS** ?

155. E-mail

Le terme anglais *e mail* est une graphie abrégée de *electronic mail*. En français, on doit plutôt parler de **COURRIER ÉLECTRONIQUE** ou de **MESSAGERIE ÉLECTRONIQUE**. Depuis quelques années, les

Français utilisent le néologisme **Mél.** Il s'agit, bien sûr, de la prononciation francisée du terme anglais *mail.* Chez nous, on utilise de plus en plus le mot-valise très intéressant **COURRIEL**. Il s'agit de la contraction des premières lettres des mots **courri(er)** et **él(ectronique)**. Ce mot présente l'avantage d'être très contemporain et plus court que **courrier électronique** ou **messagerie électronique.**

156. Émission d'actualités, émission d'informations

L'ÉMISSION D'ACTUALITÉ est une émission qui fait une analyse des questions d'actualité. *Le Point* et *Le Point médias* sont deux émissions d'actualités. L'**ÉMISSION** D'INFORMATIONS (**émission de nouvelles** est également acceptable) est une suite de bulletins d'informations (actualités, sports, météo, affaires, arts, etc.) et de courts reportages. L'émission *Ce soir* est une émission d'informations.

156. Emporter, apporter

On **emporte** des choses et on **emmène** des personnes ou des animaux. Toutefois, il faut bien saisir la nuance assez subtile qui distingue les verbes **apporter** et **emporter**, et les verbes **amener** et **emmener**: on se dirige vers un endroit en apportant quelque chose ou en amenant quelqu'un, mais on quitte un endroit en emportant quelque chose ou en emmenant quelqu'un. En réalité, c'est une simple question de point de vue. On dira, par exemple: j'ai apporté des fleurs à ma mère, mais on dira: elle a quitté la maison en emportant son parapluie. De même, on dira: j'ai amené ma fille chez le dentiste, mais on dira: sa femme est partie en emmenant les enfants.

157. En bout de ligne, de piste, etc.

On ignore l'origine de ces expressions à la mode. Disons simplement que l'expression « en bout de piste », n'existe pas en français, du moins pas dans le sens qu'on lui prête. En français, il n'y a que les avions qui peuvent se retrouver en bout de piste! On entend aussi d'autres variantes : « en bout de ligne », « au bout de la ligne », « en bout de course » et, croyez-le ou non, « en bout de route » ! Toutes ces expressions sont fautives. Pourtant, ce ne sont pas les solutions de rechange qui manquent. Selon le contexte, on peut dire : **FINALEMENT, EN FIN DE COMPTE, AU BOUT DU COMPTE, EN DÉFINITIVE, TOUT COMPTE FAIT,** etc.

158. En tout et partout

« En tout et partout » ne veut rien dire en français. L'expression correcte est **EN TOUT ET POUR TOUT** et elle signifie au total. Par exemple, si on dit qu'il y avait 20 personnes en tout et pour tout, on veut dire qu'il y avait 20 personnes au total.

160. Endisquer

Le verbe « endisquer » n'existe pas en français. Par conséquent, un chanteur ne peut pas dire qu'il vient d'« endisquer ». D'ailleurs, si le même artiste enregistrait une cassette au lieu d'un disque, il ne lui viendrait jamais à l'idée de dire qu'il vient d'« encassetter » ! Nous avons enregistré plusieurs centaines de capsules sur ruban magnétique et nous ne disons pas que nous avons « enrubanné » des capsules ! La solution la plus simple est de dire qu'on **FAIT** ou qu'on **ENREGISTRE** un disque ou une cassette.

161. Enfarger

Le verbe « enfarger » est un régionalisme dont l'origine est assez intéressante. « Enfarger » vient de l'ancien verbe **enfergier** qui signifiait mettre les fers ou les chaînes à un animal. Par exemple, on pouvait enfergier une vache pour ne pas qu'elle quitte l'enclos. Évidemment, ce verbe n'est plus utilisé en français moderne. Dans la langue soutenue, au lieu de dire : je me suis « enfargé », on peut dire : j'ai **TRÉBUCHÉ**. Aussi, au lieu de dire : elle s'est « enfargé » dans sa robe, on peut dire : elle s'est **EMPÊTRÉE** dans sa robe. Enfin, on ne dira pas qu'on a « enfargé » quelqu'un. On dira plutôt qu'on l'a **FAIT TOMBER** ou qu'on l'a **FAIT TRÉBUCHER**. Également, au lieu de dire qu'on s'est « enfargé » dans ses mots, on peut dire qu'on a **BAFOUILLÉ**, tout simplement. Même si l'utilisation du verbe « enfarger » n'est pas vraiment condamnable dans une conversation familière, il est préférable d'utiliser les verbes **trébucher**, **faire tomber** ou **bafouiller** si on veut être compris dans le reste de la francophonie.

162. Enfirouapé

Certains trappeurs cachaient des bouteilles d'alcool ou des armes dans des peaux pour passer les frontières. « Enfirouaper » vient de l'anglais *in fur wrapped*, qui veut littéralement dire enveloppé dans la fourrure. En bon français, au lieu de dire qu'on s'est fait « enfirouaper », il est préférable de dire qu'on s'est **FAIT AVOIR**, qu'on s'est **FAIT ROULER**.

163. Entrevue et interview

Interview est un anglicisme qui est passé dans la langue. Bien sûr, le mot **ENTREVUE** est plus français, mais son sens est différent. Une **ENTREVUE** est la rencontre d'un employeur et d'un candidat à un emploi. On peut dire, par exemple : l'examen était facile, mais je ne suis pas sûr d'avoir fait bonne impression lors de l'entrevue. Dans un contexte comme celui-là, on n'utilise jamais le mot **interview**. Par ailleurs, l'**INTERVIEW** est un entretien au cours duquel on interroge une personne sur sa vie, ses projets, ses opinions, dans l'intention de diffuser cet entretien. Par extension, le mot **interview** peut aussi désigner un entretien publié dans un journal. On peut donc dire que le mot **interview** est réservé au vocabulaire des *médias*. Interview est un mot féminin : on dit **UNE** interview et non « un » interview.

Enfin, interview se prononce IN-TER-VIOU et non « innn-ter-viou ». Il existe deux mots dérivés du mot **interview**. Il s'agit des mots **INTERVIEWER** et **INTERVIEWEUR** qui se prononcent respectivement IN-TER-VIOU-VÉ et IN-TER-VIOU-VEUR.

164. Époux

De nos jours, on réserve les termes **époux** et **épouse** à la langue administrative, un peu comme les termes **conjoint** et **conjointe**. Dans la langue courante, au lieu de dire : je vous présente mon « épouse », on dira plutôt : je vous présente ma **FEMME**. Les mots **mari** et **femme** sont aussi polis et respectueux que leurs équivalents administratifs **époux** et **épouse**, **conjoint** et **conjointe**.

165. Espèce (genre)

Espèce est un mot féminin. Il ne nous viendrait jamais à l'idée de dire : ces oiseaux sont de deux espèces « différents » ! Par ailleurs, quand le mot **espèce** est suivi d'un complément déterminatif masculin, certaines personnes ont tendance à masculiniser le mot **espèce**. Ces gens diront, par exemple : le brocofleur est « un » espèce de chou-fleur. La règle est très simple, *espèce est toujours féminin*, peu importe le genre du complément qui l'accompagne. Il faut donc dire : le brocofleur est **UNE** espèce de chou-fleur.

166. Esprit d'escalier

On appelle **ESPRIT D'ESCALIER** l'esprit de répartie qui se manifeste à retardement. Imaginez que vous êtes avec des gens à une réunion mondaine quelconque et que quelqu'un vous dit, devant tout le monde, quelque chose de désagréable. Vous restez bouche bée, sans pouvoir répondre. Une heure après, en revenant chez vous tout seul dans votre voiture, il vous vient une répartie extraordinaire et vous vous dites : c'est ça que j'aurai dû lui répondre ! Voilà ce qu'on appelle l'**esprit d'escalier** (ou l'**esprit de l'escalier**).

167. Être confortable avec

On peut dire d'un bon fauteuil, de vieilles chaussures ou de vêtements seyants qu'ils sont confortables. Par contre, on ne peut pas être « confortable avec » quelque chose. « Être confortable avec... » est le calque de la locution anglaise *to be comfortable with*. Au lieu de dire : êtes-vous confortable avec ça ?, on peut dire, selon le contexte : **EST-CE QUE ÇA VOUS CONVIENT ?, ÊTES-VOUS**

D'ACCORD AVEC ÇA?, EST-CE QUE ÇA VOUS SATISFAIT?, EST-CE QUE ÇA POSE UN PROBLÈME?, VOYEZ-VOUS UN INCONVÉNIENT?, etc. Aussi, plutôt que de dire qu'on est « confortable avec » quelqu'un, on dira qu'on est À L'AISE AVEC quelqu'un.

168. Être dans l'eau bouillante

Les expressions « être dans l'eau bouillante » et « être dans l'eau chaude » sont des calques de l'anglais *to be in hot water*. Au lieu de dire, par exemple, que le ministre « est dans l'eau bouillante », il faut dire que le ministre EST DANS LE PÉTRIN, qu'il EST DANS DE BEAUX DRAPS ou qu'il EST EN MAUVAISE ou EN FÂCHEUSE POSTURE. Selon le contexte, on peut également dire : le ministre MARCHE SUR DES CHARBONS ARDENTS.

169. Être dévasté

On peut dévaster un pays, une région ou une ville, mais on ne peut pas « dévaster une personne ». En français, l'expression anglaise *to be devastated* se rend généralement par ÊTRE TERRASSÉ. Aussi, selon le degré d'intensité recherché, on peut utiliser les participes passés **foudroyé**, **troublé**, **touché**, **ébranlé**, **remué**, **ému**, etc. On peut dire, par exemple : j'ai été FOUDROYÉ, TERRASSÉ ou TROUBLÉ par cette nouvelle... La tournure active est également possible : cette nouvelle m'a TERRASSÉ...

170. Être familier avec

La locution **être familier avec** signifie avoir une attitude cavalière et désinvolte envers quelqu'un, se permettre des familiarités. On dira, par exemple : cette directrice est un peu trop familière avec son secrétaire. Par ailleurs, l'expression anglaise *to be familiar with* doit se rendre en français par **BIEN CONNAÎTRE** ou **S'Y CONNAÎTRE EN.** Donc, au lieu de dire : elle est « familière » avec l'informatique, on dira plutôt : elle **S'Y CONNAÎT** en informatique.

171. Être gras dur

« Être gras dur » est une expression pittoresque et sympathique. Il faut dire, toutefois, que même si cette expression est savoureuse, elle doit être considérée comme un régionalisme familier. Curieusement, cette expression n'a pas de forme féminine. On ne dira jamais à une femme : « vous êtes grasse dure », c'est beaucoup trop risqué ! On peut remplacer « être gras dur » par **ÊTRE COMBLÉ, ÊTRE GÂTÉ** ou **ÊTRE FAVORISÉ.** Aussi, au lieu de dire à quelqu'un dont l'avenir est assuré : « tu es gras dur », on peut dire à cette personne : **TU N'AS PAS À T'EN FAIRE.**

172. Être là pour rester

« Être là pour rester » et « être ici pour rester » sont des calques de l'anglais. Selon le contexte, on peut dire qu'un établissement quelconque est **SOLIDEMENT IMPLANTÉ.** Par exemple, au lieu de dire que Radio-Canada « est là pour rester » on peut dire que Radio-Canada **N'EST PAS PRÈS DE DISPARAÎTRE.** Aussi, au lieu de dire : « je suis ici pour rester », on peut employer l'expression bien française : **J'Y SUIS, J'Y RESTE !** On peut également dire, dans la langue vraiment très soutenue, qu'on s'est installé **À DEMEURE.**

173. Éventail

On entend parfois des gens dire qu'ils rafraîchissent leur maison avec un éventail. Il faudrait être très patient pour rafraîchir une maison avec un éventail. En effet, l'éventail est un accessoire qu'on tient dans la main et qu'on agite pour créer un léger courant d'air! L'appareil électrique qu'on utilise pour faire circuler l'air d'une pièce s'appelle **VENTILATEUR**. C'est ce que certaines personnes appellent une « fan ». Est-il nécessaire de dire que « fan » est un anglicisme! Soit dit en passant, la « fan » qu'on retrouve dans la hotte des cuisinières s'appelle également **VENTILATEUR**.

174. Éventuellement

L'adverbe **éventuellement** comporte une idée d'incertitude. Il signifie: s'il y a lieu, le cas échéant ou selon les circonstances. Par exemple, si on dit: j'aurai éventuellement besoin de votre aide, on veut dire: j'aurai *peut-être* besoin de votre aide, on verra... Par contre, on ne peut pas dire: nous mourrons tous « éventuellement ». En effet, nous mourrons tous un jour, il n'y a vraiment aucun doute! Dans cet exemple, « éventuellement » est utilisé au sens de l'adverbe anglais *eventually* qui doit se traduire par **UN JOUR OU L'AUTRE, TÔT OU TARD, INFAILLIBLEMENT, SÛREMENT, IMMANQUABLEMENT**, etc.

175. Excessivement

On a trop souvent tendance à oublier que l'adverbe **excessivement** est dérivé de l'adjectif **excessif**, qui signifie démesuré, exagéré. **Excessivement** est donc synonyme de **trop**. Si on dit: Madame, votre fille est « excessivement » jolie, c'est un peu comme si on disait : Madame, votre fille est « beaucoup trop » jolie. Comme on n'est jamais trop beau, il est plus correct (et plus flatteur) de dire : Madame, votre fille est **EXTRÊMEMENT** jolie !

176. Expresso et machine à expresso

Expresso est un mot anglais emprunté à l'italien (*espresso*) Dans le reste de la francophonie, on utilise les termes **express** et **café express** pour désigner ce type de café concentré préparé à la vapeur. Toutefois, il ne serait pas réaliste de condamner systématiquement l'*espresso* et l'*expresso*, qui sont maintenant très répandus chez nous. Par ailleurs, le terme « machine à expresso » est incorrect. En effet, l'appareil électroménager qui permet de préparer le café est la **CAFETIÈRE**. Techniquement, la machine qu'on utilise pour faire l'express, le cappuccino et d'autres types de café s'appelle **CAFETIÈRE À PRESSION**.

177. Faire du sens, faire certain

On entend parfois des gens dire que quelque chose « fait du sens », mais plus souvent, on entendra la tournure négative « ça ne fait pas de sens ». En français, l'expression anglaise *to make sense* se rend par **AVOIR DU SENS**. Donc, au lieu de dire qu'une chose « ne fait pas de sens », on dira plutôt que cette chose **N'A PAS DE SENS**. On peut aussi dire : **ÇA N'A AUCUN SENS** ou **ÇA NE TIENT PAS DEBOUT**. Quant aux expressions « faire certain » « faire sûr », il s'agit évidemment du calque des expressions anglaises *to make certain* et *to make sure*. En français correct, au lieu de dire : je vais « faire certain » qu'elle viendra, on dira plutôt : je vais **M'ASSURER** qu'elle viendra.

178. Faire tout en son pouvoir

La locution **faire tout en son pouvoir** est tout à fait correcte. Il faut noter, toutefois, que cette expression a beaucoup de force. En effet, **faire tout en son pouvoir** signifie mettre en œuvre tous les moyens dont on dispose pour atteindre un but. En quelque sorte, quand on fait tout en son pouvoir on remue mer et monde, littéralement. La locution **faire son possible** est un peu moins forte et généralement plus appropriée.

179. Fanal de camping

La lampe qu'on utilise en camping s'appelle LANTERNE ou LAMPE-TEMPÊTE. Toutefois, le mot FANAL est aussi acceptable.

180. Fast-food

On a déjà recommandé les expressions **prêt-à-manger** et **restauration rapide** pour remplacer l'anglicisme *fast-food*, mais sans grand succès. Dans toutes les expressions où il y a le terme anglais *fast-food*, la solution la plus simple et la plus efficace est de remplacer *fast-food* par MINUTE. On peut donc dire RESTAURANT-MINUTE, RESTAURATION-MINUTE, CUISINE-MINUTE, PLAT-MINUTE, REPAS-MINUTE et, pourquoi pas, BOUFFE-MINUTE.

181. Favoritisme, patronage, népotisme

Le mot **patronage** existe en français, mais il n'a pas un sens péjoratif. Le patronage est un appui moral ou financier donné par un organisme, un personnage influent ou un philanthrope. Patronage est synonyme de parrainage. Par exemple, on peut dire qu'un gala de bienfaisance a été organisé sous le patronage d'une société commerciale, c'est-à-dire avec l'appui de cette société. Par ailleurs, dans le vocabulaire politique, le mot **patronage** est un anglicisme sémantique, c'est-à-dire un anglicisme sur le plan du sens. Dans ce contexte, c'est le terme **FAVORITISME** qu'il faut plutôt utiliser. Par ailleurs, le terme **népotisme** (de l'italien *nepote*, qui signifie neveu) désigne le fait d'utiliser son influence pour procurer des avantages à ses parents ou à ses amis. Il s'agit d'un terme littéraire assez rarement utilisé. En français moderne, on parle de **FAVORITISME** dans tous les cas.

182. Fax

Les mots **fax** et **faxer** figurent maintenant dans la plupart des dictionnaires. En anglais, *fax* est la contraction phonétique du terme latin *fac simile*. Bien sûr, même si le terme **fax** est attesté, les termes **télécopieur**, **télécopie** et **télécopier** sont toujours acceptables et, j'oserais même dire, préférables !

183. Féminin en eur et en teur

Il n'y a qu'une douzaine de noms en **eur** ou en **teur** qui se féminisent en **eure** ou en **teure** : **docteure**, **professeure**, **auteure**, **ingénieure**, **gouverneure**, **procureure**, **annonceure** (**annonceuse** est également correct), **censeure** (mais on dira **recenceuse**), **assesseure**, **metteure en scène** (on voit également **metteuse en scène**), **superviseure** et **réviseure**. Pour tous les autres noms en **eur** ou en **teur** la règle est très simple :

*La finale en **eur** devient **euse**.* On dira donc **CHAUFFEUSE** et non « chauffeure ». De même, on dira : **chercheuse**, **boxeuse**, **entraîneuse**, **chroniqueuse**, etc.

La finale en ***teur*** *devient* ***trice****.* On aura donc les noms **agricultrice**, **navigatrice**, **sénatrice**, **oratrice**, **factrice**, etc.

Curieusement, ce sont souvent les femmes qui ont des réticences à se faire appeler directrice plutôt que « directeure », par exemple. Pourtant, il n'y a aucune connotation péjorative rattachée aux noms se terminant en **euse** et en **trice**.

184. Fesser

De nos jours, le verbe **fesser** n'est plus beaucoup employé en français moderne. Toutefois, si on tient à l'utiliser, il est bon de savoir que fesser est un verbe transitif et qu'il s'utilise *sans* la préposition **sur**. Donc, on fesse un enfant, mais on ne fesse pas « sur » un enfant. Il est important de préciser que fesser quelqu'un veut simplement dire lui *donner une fessée*! C'est d'ailleurs l'expression **donner la fessée** qu'on utilise plus couramment aujourd'hui. Par ailleurs, lorsqu'on dit : on ne devrait jamais fesser « sur » un enfant, il est plus probable qu'on veuille dire : on ne devrait jamais **BATTRE** ou **FRAPPER** un enfant.

185. Fin de semaine et week-end

Les deux expressions sont acceptables et on peut les utiliser indifféremment, selon son humeur ! Les Européens ont connu le concept de fin de semaine beaucoup plus tard que nous. Il n'y a pas si longtemps, les Français travaillaient six jours par semaine et les enfants avaient congé le jeudi et le dimanche. Les Britanniques, eux, se payaient deux jours de congé d'affilée ! Chez nous, les gens ont tendance à s'approprier les termes étrangers en les traduisant. Par exemple, on dit magasinage, au lieu de shopping, et gomme à mâcher, au lieu de chewing-gum. En France, on n'hésite pas à emprunter les mots d'origine étrangère, principalement les mots anglais, sans les traduire. On se contente de leur donner une consonance française. Étrangement, la définition du mot **week-end**, telle qu'on la retrouve dans la plupart des dictionnaires, est **congé de fin de semaine**!

186. Flotte de véhicule

Une **flotte** est un ensemble de navires ou d'avions de combat. Quand on parle de l'ensemble des véhicules d'une société commerciale, « flotte » est le calque de l'anglais *fleet*. Il faut plutôt parler du **PARC** de véhicules, de voitures ou de camions d'une société. Le terme **PARC AUTOMOBILE** est également acceptable.

187. Focusser

Le verbe « focusser » n'existe pas en français, du moins pas encore! Évidemment, il s'agit de la traduction littérale du verbe anglais *to focus*. Selon le contexte, on peut remplacer l'anglicisme « focusser » par différents verbes ou locutions verbales. Par exemple, on **MET L'ACCENT** ou on **INSISTE** sur un aspect d'une chose. De même, au lieu de « focusser » son attention, on **FOCALISE** son attention ou on **CONCENTRE** son attention. Enfin, on **CONCENTRE** ses énergies et on **SE CONCENTRE** sur un problème. On entend parfois des spécialistes dire qu'ils « focussent » la lumière ou qu'ils « focussent » un rayon laser. Dans le cas de la lumière, on la **FAIT CONVERGER** et dans le cas d'un rayon, on le **DIRIGE**.

188. Fossile

Doit-on prononcer fo-sil ou fô-sil ? Les deux prononciations sont correctes. La plupart des dictionnaires recommandent la prononciation fô-sil (comme faux-cils), mais dans les faits, la prononciation fo-sil (avec le o ouvert) est plus fréquente dans l'ensemble de la francophonie.

189. Fourgonnette et camionnette

L'équivalent français du terme *minivan* est **FOURGONNETTE**. La fourgonnette est un véhicule qui a à peu près le même empattement qu'une grosse automobile. Elle a un habitacle fermé assez spacieux qui permet le transport de passagers (généralement de 7 à 9). Souvent, l'habitacle de la fourgonnette est modifiable, c'est-à-dire que les sièges sont amovibles pour permettre le transport de marchandises. Quant au terme anglais *pickup*, on doit le remplacer par **CAMIONNETTE** en français. La camionnette est un petit camion de faible tonnage (environ 3 tonnes et demie). Elle a une cabine pour les passagers et une caisse ouverte pour la marchandise (et non pas un seul et unique habitacle fermé pour les passagers et la marchandise).

190. Frapper, heurter, tamponner

On peut frapper quelqu'un avec sa main, son poing, son pied ou un objet quelconque, mais on **HEURTE** ou on **RENVERSE** un piéton avec sa voiture, on ne le « frappe » pas. Il faut donc dire : j'ai heurté ou j'ai renversé quelqu'un avec ma voiture. Quand il ne s'agit pas d'un piéton, mais plutôt d'un autre véhicule, au lieu de dire : la voiture a « frappé » un camion, on dira plutôt : la voiture a **HEURTÉ**, **TAMPONNÉ**, **EMBOUTI** ou

PERCUTÉ un camion. On peut également dire que les deux véhicules sont **ENTRÉS EN COLLISION**.

191. Frasil

Le frasil est l'espèce de bouillie de cristaux de glace qui flotte à la surface des cours d'eau. Ceux qui sont déjà allés à la pêche sur la glace ont sans doute pelleté le frasil qui s'accumule dans le trou. On peut prononcer FRA-ZI ou FRA-ZIL, mais la deuxième prononciation est plus courante.

192. Frisbee

La plus récente édition du *Petit Robert* atteste l'utilisation du mot **frisbee** pour désigner le disque de plastique qu'on se lance dans un mouvement de rotation. Par ailleurs, même si les dictionnaires acceptent *frisbee*, il est bon de savoir que ce terme est avant tout une marque de commerce et qu'il existe d'autres mots bien français pour désigner cette réalité, en l'occurrence **discoplane**, **disque volant** ou **soucoupe volante**. Le terme **frisbee** a toutefois tendance à s'implanter un peu partout dans la francophonie.

193. Funérailles, service funèbre et obsèques

On confond parfois les termes **funérailles**, **service funèbre** et **obsèques**. Le **service funèbre** est la messe ou le service religieux célébré en l'honneur du défunt. Par ailleurs, le mot **funérailles** désigne l'ensemble des cérémonies qui ont lieu à l'occasion d'un décès. Les funérailles comprennent l'exposition du corps, les hommages rendus publiquement, le service funèbre, les cortèges, l'incinération du corps ou l'enterrement. En général, les funérailles durent plusieurs jours. Théoriquement, le terme **obsèques** désigne les cérémonies et le convoi funèbre. En français moderne, toutefois, **obsèques** est essentiellement un terme de la langue administrative désignant des funérailles *très officielles* (celles d'un homme d'État, par exemple). On parlera généralement d'obsèques nationales et d'obsèques civiles. Il est important de noter que les mots **funérailles** et **obsèques** ne s'utilisent qu'au *pluriel.* On ne peut pas dire qu'on a assisté à « une funéraille » ou à « une obsèque ».

194. Gai

Le terme **gai**, au sens d'homosexuel, est maintenant attesté dans la plupart des dictionnaires. Ce terme, qui s'utilise comme nom et comme adjectif, nous vient des Anglais qui eux-mêmes l'avaient emprunté aux Français ! À l'origine, le mot anglais *gay* était utilisé pour désigner les personnes aux mœurs légères, peu importe le sexe et l'orientation sexuelle. Aujourd'hui, il a perdu son sens péjoratif et est utilisé pour désigner les homosexuels et les lesbiennes. En France, on écrit le substantif et l'adjectif **gay** à l'anglaise. Chez nous, on écrit presque toujours **GAI**, à la française. La graphie avec **i** est plus logique et plus pratique puisqu'elle permet l'accord de l'adjectif au féminin et au pluriel : la culture gaie, les athlètes gais, etc.

195. Gaminet

L'Office de la langue française n'a jamais recommandé l'utilisation du terme « gaminet », bien au contraire. L'OLF a simplement fait état d'une proposition un peu farfelue du linguiste français Jacques Cellard, qui, soit dit en passant est lui-même assez fantaisiste ! Cellard suggérait l'utilisation du mot « gaminet » pour désigner les t-shirts des garçons et « gaminette » pour désigner ceux des filles. Inutile de dire que la proposition n'a pas été retenue ! D'ailleurs, dans sa banque de terminologie informatisée, *le Grand dictionnaire terminologique*, l'Office considère « gaminet » et « gaminette » comme des formes fautives. Le terme anglais **T-SHIRT** est passé dans la langue et on peut l'utiliser sans problème. Les propositions « chandail-T » et « chemise-T » n'ont pas été retenues. **T-shirt** se prononce TI-SHEURT au singulier comme au pluriel. Il faut éviter de dire des « ti-sheurtsss ». Enfin, le terme **gilet** ne doit pas être utilisé pour remplacer t-shirt. En effet, le gilet est une petite veste sans manche qu'on porte sous le veston.

196. Genre des noms de fleuves et de rivières

Il est parfois difficile de deviner le genre d'un nom de fleuve ou de rivière, particulièrement au Québec. Dans le reste du Canada, où la plupart des noms de fleuves et de rivières sont anglais ou en langues autochtones, on a tendance à ajouter **le fleuve** ou **la rivière** devant le nom, ou à sous-entendre les mots **fleuve** ou **rivière**. Par exemple, le fleuve MacKenzie, le MacKenzie, la rivière Saskatchewan, la Saskatchewan, etc. Étrangement, les noms de rivières n'ont pas tous le même genre au Québec. Par exemple, on dira **LE** Saint-Maurice, **LE** Richelieu et **LE** Saguenay, mais on dira **LA** Chaudière, **LA** Batiscan et **LA** Caniapiscau. Il n'existe pas vraiment de règle fixe. Toutefois, lorsque le genre du spécifique, en l'occurrence le nom de la rivière, est facilement identifiable, on risque peu de se tromper en accordant l'article avec le nom. Par exemple, on dira **LA** Chaudière et non « le » Chaudière, puisque le mot **chaudière** est féminin.

197. Genre des noms de pays

Personne ne peut dire pourquoi un nom de pays est masculin ou féminin. On peut retenir qu'en général, les noms de pays se terminant par la lettre **E** sont féminins : la France, la Suède, la Chine, la Corée, la Norvège, la Pologne, la Turquie, etc. Et là encore, il existe des exceptions : le Cambodge, le Mozambique, le Mexique...

198. Genre des noms de villes

L'usage est assez flottant pour ce qui est du genre des noms de villes. On peut dire qu'en règle générale, la plupart des noms de villes sont masculins. On dira, par exemple, le grand Vancouver, le vieux Québec, le Paris des années folles, etc. Toutefois, la plupart des noms de villes se terminant par la lettre **E** sont féminins : la Rome antique, la vieille Lisbonne, etc. Il est également possible d'utiliser le féminin lorsque le mot ville est sous entendu. On dira, par exemple, Toronto la pure (sous-entendu la ville pure), Alger la blanche, etc. Pour la majorité des autres noms de villes, l'usage est très flottant. Par exemple, le *Robert 2* parle du *grand* Londres, mais on peut lire un peu plus loin dans le texte que Londres s'est développé*e* autour de son port. Autrement dit, sauf pour quelques cas évidents, le choix du genre des noms de villes est assez arbitraire.

199. Genre des noms des moyens de transport

Certaines personnes disent « une » avion, « une » autobus, etc. Le genre des noms qui commencent par une voyelle n'est pas toujours évident. Pourquoi dit-on **UN** avion, **UN** autobus et **UN** obélisque, mais **UNE** apostrophe, **UNE** épître et **UNE** octave ? Il n'existe malheureusement aucun truc pour retenir le genre des noms. Toutefois, on peut retenir que les noms de la plupart des véhicules servant aux transports en commun sont masculins : un avion, un train, un autobus, un paquebot, un métro, un autocar, etc.

200. Gens d'affaires

Gens d'affaires est un terme très acceptable. Il a été proposé pour remplacer « homme d'affaires », qui excluait les femmes. Par contre, on ne peut placer un nombre devant le mot **gens**. En effet, **GENS** désigne un nombre *indéterminé* de personnes. On peut dire : il y a beaucoup de gens, mais on ne peut pas dire : il y a « 350 gens ». On dira plutôt : il y a **350 PERSONNES**. Donc, au lieu de parler de « 350 gens d'affaires », il est plus correct de parler de **350 HOMMES ET FEMMES D'AFFAIRES** ou de **350 PERSONNES DU MONDE DES AFFAIRES**.

201. Glace noire

La glace noire (ou glace invisible) est une glace très mince, presque invisible, qui se forme sur la chaussée par condensation de la vapeur d'eau lorsque la température atteint le point de congélation. On retrouve la glace noire surtout sur le tablier des ponts et, parfois, sur certaines routes qui longent des cours d'eau.

202. Gratis, gratuit, gratuitement

Ces trois mots expriment exactement la même idée, c'est-à-dire le fait qu'on ne paye pas pour ce qu'on obtient. Il suffit de retenir que **gratuit** est toujours utilisé comme adjectif, **gratuitement** est toujours utilisé comme adverbe, et **gratis** est utilisé tantôt comme adjectif, tantôt comme adverbe. Il faut toutefois noter qu'en français moderne, on a tendance à considérer le mot **gratis** comme un terme familier. Donc, dans un texte de bonne tenue, on écrira, par exemple : vous pouvez obtenir des billets gratuits (et non gratis). On dira également : les enfants peuvent assister au spectacle gratuitement (et non gratis). Dans les conversations familières, par contre, on peut utiliser gratis dans les deux cas.

203. Gratte, grattoir, raclette, scraper

Les termes « gratte-vitre » et « gratte à vitre » sont à éviter. Le mot **gratte** est bien français, mais il n'a rien à voir avec le petit instrument qui sert à gratter les vitres d'auto l'hiver. En fait, la gratte est un instrument de jardinage. On s'en sert pour sarcler les jardins. L'instrument qui sert à enlever la glace sur les pare-brise des autos s'appelle GRATTOIR. Il ne faut pas confondre le grattoir et la raclette. La **raclette** est l'instrument à lame de caoutchouc qu'on utilise pour laver les vitres. C'est le fameux « squeegee ». Enfin, la grande pelle qui sert à pousser la neige (« scraper », en anglais) s'appelle GRATTOIR À NEIGE ou POUSSE-NEIGE. Au lieu de « scraper » l'entrée de garage, il faut la DÉNEIGER ou la DÉBLAYER.

204. Grésil

Contrairement au verglas, qui se forme une fois sur le sol, le grésil est une précipitation. On appelle **grésil** les grains de glace très fins qui accompagnent les pluies verglaçantes. Il ne faut pas confondre grésil et grêle. Le grésil est une pluie qui gèle avant d'atteindre le sol, tandis que la grêle se forme à l'intérieur du nuage. Grésil peut se prononcer GRÉ-ZI ou GRÉ-ZIL, mais la dernière prononciation est plus courante.

205. Greyer

Le verbe **gréer**, qui se prononce GRÉ-É et non pas « GRÈ-YÉ », signifie garnir un navire de voiles, de poulies, de cordages, d'appareils de navigation, etc. En français moderne, ce verbe ne s'utilise qu'en parlant de voiliers. Il faut dire également que la forme pronominale du verbe **gréer** n'existe pas. On ne peut donc pas « se gréer ». Selon le contexte, on peut remplacer « se greyer » par les verbes **S'ÉQUIPER, SE MUNIR, SE PROCURER** ou, dans certains cas, **ACHETER**.

206. Gumbo

Le gumbo est un plat traditionnel de la Louisiane. En outre, ce terme désigne un légume qu'on appelle également **okra**. Bizarrement, le gumbo est aussi une sorte de boue. Il s'agit en fait d'un type d'argile ou de glaise qui contient beaucoup de matière organique. C'est une boue visqueuse et collante qu'on trouve parfois en creusant dans les champs pétrolifères. Le mot **gumbo** est assez commun dans l'Ouest canadien, particulièrement au Manitoba, mais il est à peu près inconnu dans le reste du Canada.

207. Hamburger et hambourgeois

Le terme anglais *hamburger* est répandu dans toute la francophonie. En Europe, on prononce HAM-BOUR-GUEUR, mais chez nous, on prononce plutôt HAM-BEUR-GUEUR. Le terme **hambourgeois**, suggéré par l'Office de la langue française, est également correct, mais beaucoup moins courant.

208. Hatchback

Le panneau ou la porte arrière d'une automobile ou d'un camion s'appelle **HAYON**. Techniquement, on appelle les voitures avec hayons **voitures bicorps** en raison de leur type de carrosserie. Évidemment, **bicorps** est un terme technique très peu utilisé dans la langue courante. Par ailleurs, dans la langue de tous les jours, on appelle ce type de véhicule **VOITURE À TROIS PORTES** (deux portières et un hayon) ou **VOITURE À CINQ PORTES** (quatre portières et un hayon).

209. Heure (genre)

Le mot **heure** est toujours féminin. Il faut donc dire **UNE** heure et non pas « un » heure. On dira également qu'il est vingt et **UNE** heure.

210. Hobby

Le mot *hobby* est toujours considéré comme un anglicisme, malgré qu'il figure dans la plupart des dictionnaires et qu'il soit assez répandu, même en France. Dans tous les cas, il est possible de remplacer *hobby* par **PASSE-TEMPS, LOISIR** ou **ACTIVITÉ RÉCRÉATIVE**.

211. Huile à chauffage

Les termes « huile à chauffage » et « huile de chauffage » sont des calques de l'anglais *heating oil.* Le combustible qu'on utilise pour chauffer les maisons s'appelle **MAZOUT**. Le T de mazout se prononce. On dira donc

MA-ZOUTT et non « ma-zou ». Étrangement, nos cousins français ont tendance à remplacer le mot **mazout** par l'anglicisme « fuel », qu'ils prononcent FIOUL! D'ailleurs, on retrouve également la graphie **fioul** dans certains dictionnaires, notamment le *Petit Robert*. Chez nous, par contre, MAZOUT est considéré comme le terme à utiliser.

212. Il est 11 h 5

Pourquoi doit-on dire **11 h 5** et pas « 11 h 05 » ? C'est une question de logique! La règle d'écriture pour les heures est assez simple. Ce qu'il faut retenir, c'est que les fractions horaires, c'est-à-dire les minutes et les secondes, ne sont pas exprimées en décimales. Autrement dit, elle ne sont pas réparties sur une échelle de 100, mais plutôt de 60 unités. Par conséquent, lorsque le nombre de minutes est inférieur à 10, il n'est pas nécessaire d'ajouter un zéro. On écrira donc 11 h 5 et non pas 11 h 05. Pour des raisons techniques, on fait exception à cette règle dans certains tableaux électroniques (dans les gares et les aéroports, par exemple).

213. Il me fera plaisir

La tournure « il me fera plaisir » n'existe pas en français. Donc, au lieu de dire : « il me fera plaisir » de vous recevoir, il faut dire : JE SERAI HEUREUX ou JE ME FERAI UN PLAISIR DE vous recevoir.

214. Incidemment

À vrai dire, il est assez rare qu'on ait à utiliser l'adverbe **incidemment** dans la langue de tous les jours. En français correct, incidemment signifie de façon marginale, de façon accessoire, par accident. Par exemple, on peut dire : en parlant du sida, le conférencier a abordé **INCIDEMMENT** le problème des drogues intraveineuses. Par contre, il est incorrect de dire : « incidemment », j'ai rencontré votre ami la semaine dernière. Il faut plutôt dire : **AU FAIT, À PROPOS, SOIT DIT EN PASSANT**, j'ai rencontré votre ami la semaine dernière. Utilisé en ce sens, « incidemment » est le calque de l'anglais *incidentally*.

215. Innu et Inuit

Les Innus et les Inuits sont des peuples autochtones différents. Les **Inuits** sont les autochtones du Grand Nord. Ce sont ceux qu'on appelait Esquimaux autrefois. Le terme **Esquimau** (qui signifie mangeur de viande crue, en algonquin) est considéré comme péjoratif. Les **Innus**, par ailleurs, sont les Montagnais qui habitent une partie du Labrador et de l'Est du Québec. Les termes **inuit** et **innu** peuvent également être utilisés comme adjectifs. Par exemple, on peut parler d'une sculpture inuite et d'un village innu.

216. Internet et inforoute

Il est recommandé de ne pas utiliser l'article devant le mot **Internet**. On doit dire, par exemple : je me suis abonné à **INTERNET** et non à « l'Internet ». **Autoroute de l'information**, **autoroute électronique** et **inforoute** sont parfaitement synonymes et acceptables. On entend également **autoroute informatique**. Toutefois, les deux termes qui tendent à s'imposer actuellement sont **AUTOROUTE DE L'INFORMATION** et **INFOROUTE**. Le terme **inforoute** présente l'avantage d'être plus court et, de ce fait, plus pratique à utiliser.

217. Itinérant, sans-abri, clochard

Le mot **itinérant** existe en français, mais son sens est assez différent de celui qu'on lui donne depuis quelques années, au Québec du moins. **Itinérant** est presque toujours employé comme adjectif en français. Une personne dite itinérante est une personne qui se déplace dans l'exercice de ses fonctions. Par exemple, certains vendeurs sont itinérants, c'est-à-dire qu'ils doivent se déplacer d'un endroit à l'autre pour vendre leur marchandise. Dans certains pays où les médecins vont de village en village, on peut dire que les médecins sont itinérants. Il y a même des ambassadeurs itinérants. Par contre, pour parler des personnes qui vivent sans travail ni domicile fixe dans les rues d'une grande ville, il faut plutôt utiliser le terme **SANS-ABRI**. En Europe, le terme **SANS-LOGIS** est aussi très fréquent, de même que **SDF** (sans domicile fixe).

Les clochards, les vagabonds et les mendiants sont également des sans-abri. En effet, une personne est considérée comme sans-abri lorsqu'elle n'a pas de revenu ni de domicile fixe, *que ce soit par choix ou non.* Les termes **clochard**, **vagabond** et **mendiant** ont toutefois une connotation un peu péjorative de nos jours. Ils désignent des personnes qui sont socialement inadaptées, ce qui n'est pas le cas de tous les sans-abri.

218. Ivresse, ébriété

Les mots **ivresse** et **ébriété** sont tout à fait synonymes, mais ils n'appartiennent pas au même niveau de langue. Le mot **ivresse** est le mot courant, celui qu'il convient d'utiliser dans la langue de tous les jours. Contrairement à ce qu'on pourrait penser, ce n'est que dans son sens figuré que le mot **ivresse** devient un terme poétique. Par ailleurs, le mot **ébriété** relève exclusivement du style administratif et ne s'utilise pratiquement que dans l'expression **en état d'ébriété.**

219. Ivressomètre, alcootest

Le mot « ivressomètre » n'existe pas. Le test qui sert à mesurer le taux d'alcool dans le sang s'appelle **ALCOOTEST**. L'appareil servant à faire subir le test s'appelle également **ALCOOTEST**. Le policier nous fait donc subir l'alcootest à l'aide d'un alcootest. Il ne faut pas confondre l'alcootest avec alcoomètre qui est l'appareil servant à déterminer la teneur en alcool d'un liquide.

220. Jackpot

Le mot anglais *jackpot* se rend par **GROS LOT**, dans le cas du gain maximal, et par **LOT**, pour tous les autres types de gains. À la maison, dans certains jeux de cartes, ce qu'on appelle le « potte » est en réalité la **CAGNOTTE**. Donc, au lieu de mettre de l'argent dans le « potte », on en met dans la cagnotte!

221. Jeter la serviette

« Jeter la serviette » est le calque de l'anglais *to throw in the towel*. En français, pour dire qu'on abandonne la lutte parce qu'on sent qu'on ne va pas s'en sortir, on ne jette pas la serviette, mais on jette plutôt l'**ÉPONGE**. On peut également dire qu'on **BAISSE PAVILLON**, qu'on **BAISSE LES BRAS** ou qu'on **DÉCLARE FORFAIT**.

222. Joindre et rejoindre

Rejoindre une personne signifie se rendre là où elle est. Il faut se déplacer physiquement pour rejoindre quelqu'un. On peut dire, par exemple, je vais vous rejoindre à la piscine à 2 h. Par ailleurs, au téléphone, on **JOINT** une personne ou, à la rigueur, son poste téléphonique.

223. Juin (prononciation)

Dans le reste de la francophonie, **juin** rime avec brin et non avec brun. C'est d'ailleurs la prononciation la plus logique. Certaines personnes prononcent jou-in, également. Toutefois, comme on ne prononce pas jou-illet, il n'y a pas de raison de prononcer jou-in ! Chez nous, on a tendance à prononcer « ju-un » et c'est une erreur. D'ailleurs, la nasale **un** est en voie de disparition dans la langue française. Elle tend à être remplacée par un son qui ressemble vaguement à **in**, avec une petite teinte de **an**. Ainsi, au lieu de prononcer **UN** et **BRUN**, les Européens ont tendance à dire « in » et « brin ». Ici, on peu s'en tenir à la prononciation **un** et **brun**, mais il faut tout de même dire **JU-IN** plutôt que « ju-un ».

224. Junk food

Comme le terme *junk food* désigne des aliments qui sont beaucoup plus riches en calories qu'en valeur nutritive (c'est-à-dire des aliments qui sont vides ou pratiquement vides de toute valeur nutritive), on peut parler d'**ALIMENT VIDE**. C'est d'ailleurs le terme que recommande l'Office de la langue française. Dans un contexte technique, on parlera plutôt d'**ALIMENTS À CALORIES VIDES**. Dans la langue de tous les jours, on peut également traduire *junk food* par **CAMELOTE ALIMENTAIRE** ou **ALIMENT-CAMELOTE**. Dans la plupart des cas, on peut parler dc **CAMELOTE** tout court. On dira, par exemple : si tu ne mangeais pas tant de camelote, tu serais en meilleure santé !

225. Junk mail

En anglais, on appelle *junk mail* le courrier publicitaire qui est systématiquement distribué à toutes les personnes qui ont une boîte aux lettres. Comme il s'agit presque toujours de publicité dont on ne veut pas, l'expression PUBLICITÉ IMPORTUNE traduit assez bien l'idée. Il y a eu d'autres propositions, notamment **courrier-déchet**, **publicité-rebut** et **envoi sans adresse**, mais aucune n'a été retenue. Dans la langue de tous les jours, il n'est pas toujours nécessaire de préciser qu'il s'agit de publicité importune, on peut parler de publicité ou de pub, tout simplement. Par exemple, on peut dire : je n'ai pas reçu de courrier aujourd'hui, que de la pub !

226. Karaoké

Le KARAOKÉ est un passe-temps qui consiste à chanter en étant accompagné par une version orchestrale (enregistrée) d'une chanson. Le mot **karaoké** peut désigner le loisir lui-même, mais il peut également désigner le magnétophone portatif qu'on utilise pour pratiquer cette activité.

227. Kiosque et stand

Tous les dictionnaires s'entendent sur la définition du mot **kiosque**. Ce terme emprunté à la langue turque désigne un petit pavillon de jardin ouvert de tous les côtés. Le kiosque s'apparente à la tonnelle. On appelle également **kiosque** ou, plus spécifiquement, **kiosque à musique**, les abris circulaires destinés à recevoir les musiciens pour des concerts en plein air. On retrouve généralement ce type de kiosque dans les parcs. Enfin, les édicules où on vend des fleurs ou des journaux portent également le nom de kiosque. Par contre, dans une exposition commerciale, l'emplacement réservé à un exposant s'appelle **STAND**, et non «kiosque». Il faut prononcer **STAND** à la française (stand rime avec bande). Évidemment, **stand** est un mot anglais. Toutefois, ce terme est entré dans la langue en 1883. Il est très répandu dans toute la francophonie et il ne faut pas hésiter à l'utiliser. D'ailleurs, on utilise couramment le terme **stand de tir** pour désigner un endroit aménagé pour le tir de précision.

228. La loto et le loto

Il faut faire la différence entre **LE** loto et **LA** loto. Le loto est un jeu d'enfant qui ressemble à notre bingo. C'est aussi un jeu public qui consiste à cocher des numéros sur un bulletin. On gagne lorsque les numéros qu'on a choisis sont tirés. On peut donc dire que le 6/49 est **UN** loto puisqu'on choisit ses propres numéros. Employé au féminin, le mot **loto** est l'abréviation familière du mot **loterie**. Quant au 6/49, comme il s'agit d'un type de loterie, on peut donc dire **le** loto 6/49 ou **la** loto 6/49. Il faut noter que loto s'écrit avec un seul **T** en français.

229. Le monde (suivi d'un verbe au pluriel)

Le mot **monde** a une valeur collective, mais il doit toujours être suivi d'un verbe conjugué au singulier. L'erreur vient probablement du fait que le mot *people* est considéré comme un collectif et qu'en anglais, les collectifs sont généralement suivis de verbes au pluriel. On dira, par exemple, *people are funny*. En français, par contre, on doit dire : le monde **EST** drôle. En cas de doute, on peut toujours contourner le problème en remplaçant **le**

monde par « LES GENS » et dire : les gens SONT drôles.

230. Levée de fonds, collecte de fonds, etc.

L'expression « levée de fonds » est un calque de l'anglais **fund-raiser**. Dans le cas des œuvres de bienfaisance, il faut remplacer « levée de fonds » par **campagne de souscription**. Par exemple, on organise une CAMPAGNE DE SOUSCRIPTION pour les œuvres du cardinal Léger. Pour les autres types d'organismes, il faut plutôt utiliser l'expression **campagne de financement**. Par exemple, on organise une CAMPAGNE DE FINANCEMENT pour un parti politique ou pour un organisme à but non lucratif. Quand il s'agit d'une demande ponctuelle pour amasser des fonds pour une occasion spéciale, on parlera de **collecte de fonds** ou, plus rarement, d'**appel de fonds**. On peut dire, par exemple : on a organisé une COLLECTE DE FONDS pour venir en aide aux sinistrés.

231. Liberté conditionnelle

On peut dire qu'une personne est EN LIBERTÉ, mais on ne peut pas dire qu'une personne est « en libération ». De la même manière, on dit d'une personne qui jouit d'une libération conditionnelle qu'elle est EN LIBERTÉ CONDITIONNELLE et non « en libération conditionnelle ».

232. Ligne ouverte

Les émissions de radio ou de télévision où il y a intervention du public par communication téléphonique s'appellent TRIBUNES TÉLÉPHONIQUES. À l'origine, une tribune était un lieu d'où on s'exprimait. Par exemple, les orateurs s'adressaient au public du haut d'une tribune. En français moderne, une tribune est aussi une rubrique de journal ou une émission de radio ou de télévision que les médias offrent au public pour qu'il exprime ses opinions. On appelle à tort ces émissions «ligne ouverte» sous l'influence de l'expression anglaise *open line* qui a elle-même été remplacée par *hot line*.

233. Linge et vêtement

Le mot **linge**, au sens de vêtement, est considéré comme un archaïsme. De nos jours, **linge** a deux sens en français : sous-vêtement (on peut penser au linge de corps, par exemple) et torchon (on passe un linge humide sur la table). Il faut vraiment y réfléchir à deux fois avant de dire à quelqu'un qu'il porte du beau linge! Au lieu de dire qu'on s'est acheté du linge d'hiver, il est préférable de dire qu'on s'est acheté des vêtements d'hiver, à moins qu'on ne veuille parler de caleçons longs ou de combinaisons de laine, bien sûr !

234. Lipsynch

Contrairement à ce que beaucoup de gens pensent, le terme anglais correct n'est pas «*lipsing*», mais bien *LIPSYNC*, qui veut dire, littéralement, synchronisation des lèvres. Une commission ministérielle française a recommandé l'utilisation du terme **SURJEU** pour désigner un numéro de variété où un artiste professionnel ou amateur prononce des lèvres les paroles d'une chanson enregistrée par une vedette. **Surjeu** est d'ailleurs le terme que recommande le Comité de linguistique de Radio-Canada.

235. Lire un livre d'une couverture à l'autre

Cette expression populaire est un calque de l'anglais (*to read a book from cover to cover*). On entend aussi des gens dire qu'ils lisent un livre «d'un couvert à l'autre» ! En français, on dira plutôt qu'on lit un livre **DE LA PREMIÈRE À LA DERNIÈRE PAGE**. On peut également dire qu'on lit un livre **EN ENTIER**. Lorsqu'on veut simplement dire qu'on a lu un livre en entier dans un court laps de temps, on peut dire qu'on a **DÉVORÉ** ce livre.

236. Machine à sous ou gobe-sous

Ces deux termes sont corrects. **Machine à sous** est plus neutre. **Gobe-sous** a une connotation un peu péjorative. En tout cas, il faut éviter l'anglicisme *slot machine* !

237. Madame le maire ou madame la mairesse

Autrefois, la mairesse était la femme du maire, comme la pharmacienne était la femme du pharmacien, même si ces femmes n'exerçaient pas les fonctions de leur mari. De nos jours, le mot **mairesse** désigne une femme qui est élue à la tête d'une municipalité. Donc, on doit dire MADAME LA MAIRESSE et non « madame le maire ».

238. Maigre comme une échalote

L'échalote est un petit légume à mi-chemin entre l'oignon et l'ail. Le légume effilé qu'on appelle à tort échalote est en réalité une **ciboule** (la ciboulette est une petite ciboule). L'expression correcte est maigre comme un **ÉCHALAS**. Un échalas est un piquet qui sert de tuteur aux plantes ou aux arbustes. Donc, quand on dit de quelqu'un qu'il est maigre comme un échalas, on dit qu'il est maigre comme un piquet !

239. Maillot de bain ou costume de bain

Les deux termes sont corrects. Le terme **costume de bain** est considéré comme un générique. Autrement dit, tout ce qu'on porte pour aller se baigner est un costume de bain. Plus spécifiquement, le maillot de bain est un costume de bain moulant, qui est presque toujours fabriqué en tissu extensible de nos jours. En français moderne, toutefois, on emploie indifféremment costume de bain et maillot de bain. Pour désigner les maillots de bain pour hommes, on parlera de **caleçon de bain** ou de **slip de bain**.

240. Making of

Ce qu'on appelle en anglais *making of* est un film ou une émission de télévision qui montre les détails du tournage d'un film, généralement un film à succès. L'un des premiers films de ce type jamais présenté au public expliquait les trucages du film *Rencontre du troisième type* et montrait les à-côtés du tournage. Comme il s'agit d'une sorte de documentaire, finalement, l'équivalent qui a été proposé pour remplacer *making of* est **DOCUMENTAIRE DE TOURNAGE.** On a également proposé **journal de tournage**, mais le terme n'a pas été retenu.

241. Marier

En français moderne, le verbe **marier** signifie unir par les liens du mariage. Par exemple, un prêtre peut marier deux personnes. Aussi, des parents peuvent marier leurs enfants, c'est-à-dire qu'ils peuvent les donner en mariage. On peut dire, par exemple : M. X vient de marier sa fille. Par ailleurs, quand on s'unit à une personne, on l'**ÉPOUSE**, on ne la « marie » pas. Par exemple, il faut dire : M. Untel **A ÉPOUSÉ** Mme Unetelle. On peut également dire : M. Untel **S'EST MARIÉ AVEC** Mme Unetelle. L'utilisation du verbe **marier** au sens d'**épouser** est un régionalisme assez répandu puisqu'on le retrouve en Normandie et dans le nord de la France, en Belgique et à peu près partout au Canada français. Même s'il ne s'agit pas d'une faute très grave, on considère cette utilisation archaïque du verbe **marier** comme familière.

242. Maringouin et moustique

Moustique est un terme générique qui désigne toute une famille d'insectes piqueurs dont le maringouin fait partie. Moustique n'est pas plus correct ni plus français que maringouin puisque le maringouin est une sorte de moustique. Ce qui est assez surprenant, par contre, c'est que le mot **maringouin** n'est pas un canadianisme comme on le croirait. **Maringouin** est une déformation du mot *mbarigui*, mot de la langue tupi-guarani parlée par certains autochtones du Brésil. Selon le *Petit Robert*, le terme **maringouin** est entré dans la langue en 1614. C'est un mot correct bien de chez nous et il ne faut pas avoir peur de l'utiliser. Le petit cousin français de notre maringouin s'appelle justement **cousin**!

243. Maths (prononciation)

Il faut prononcer MATTT et non « mathsss ». En français, le S du pluriel est toujours muet. Il n'y a aucune exception. Dans le cas de maths, il suffit de retenir que **mathématiques** se prononce MATÉMATIK et non « matématix » !

244 Médecines alternatives

On retrouve l'expression « médecines alternatives » dans quelques dictionnaires, mais cette utilisation de l'adjectif **alternatif** est encore très critiquée. On désigne, à tort, sous l'appellation « médecines alternatives » toutes les formes de médecine autres que la médecine officielle ou traditionnelle. Selon le point de vue, on peut parler de MÉDECINES DOUCES (c'est généralement le terme préféré des adeptes de ce type de médecine) ou de MÉDECINE PARALLÈLE.

245. Medley

Bien qu'on l'entende très fréquemment dans le milieu artistique, le mot « medley » n'est pas encore attesté dans les dictionnaires. Pour désigner les pièces de musique composées d'extraits de diverses autres pièces, on parlera plutôt de **POT-POURRI**. Un pot-pourri est un mélange hétéroclite de choses concrètes. À l'origine, le pot-pourri était une sorte de ragoût. De nos jours, le terme **pot-pourri** désigne également un mélange odorant de fleurs séchées qu'on utilise pour parfumer les maisons.

246. Meilleur vendeur ou best-seller

Un vendeur est une personne qui vit de la vente. Il est donc peu probable qu'un livre, un disque ou une cassette vidéo soit un « vendeur », bon ou mauvais ! La locution « meilleur vendeur » est un calque de l'anglais. Paradoxalement, l'expression correcte (et aussi la plus courante) pour désigner un livre ou un disque qui se vend bien est l'anglicisme **BEST-SELLER** ! Le mot **best-seller** est entré dans la langue il y a près de cinquante ans et il est couramment utilisé dans toute la francophonie. Il est donc tout à fait correct de dire qu'un livre figure parmi les best-sellers du mois, par exemple. **Best-seller** se prononce à la française et le **S** du pluriel est muet. Par conséquent, on dit des BEST-SELLÈRRR et non des « best-selleurzzz » ! Dans le cas des livres, on peut également utiliser les expressions françaises **SUCCÈS DE LIBRAIRIE** ou **OUVRAGE À SUCCÈS**, même si best-seller s'impose de plus en plus.

247. Mêlée de presse

Le terme **MÊLÉE DE PRESSE** désigne la situation où les journalistes se ruent sur un personnage susceptible de faire une déclaration à l'improviste. Par exemple, la sortie des députés et des ministres de la Chambre des communes ou de l'Assemblée nationale donne souvent lieu à des mêlées de presse. On peut également parler de **mêlée journalistique** ou de **mêlée**, tout simplement.

248. Mélomane

En principe, le mot **mélomane** ne s'emploie que pour désigner les personnes qui aiment la grande musique, la musique dite classique. Par ailleurs, quand une personne aime un autre type de musique plus populaire, le rock ou le jazz par exemple, on dit d'elle qu'elle est une **PASSIONNÉE** ou une **MORDUE** de rock ou de jazz.

249. Menterie et mensonge

Le mot **menterie** est un vieux mot français dont le sens était, à l'origine, assez près du mot moderne **mensonge**. Corneille écrivait dans *Le Menteur*: *On dirait qu'il dit vrai, tant son effronterie avec naïveté pousse une menterie.* En français moderne, une menterie est un petit mensonge qui ne porte pas à conséquence ou une histoire exagérée racontée par un personnage sympathique. On n'a qu'à songer aux savoureuses anecdotes que racontaient les personnes âgées dans les villages, autrefois. Le mot **menterie** est de moins en moins utilisé de nos jours. Il est considéré comme un terme rural un peu archaïque. Dans la langue familière, on peut tout de même se permettre d'utiliser le mot **menterie**. C'est un terme sympathique bien de chez nous. Toutefois, dans un texte de bonne tenue, le mot **mensonge** est plus indiqué. En outre, si on veut se faire comprendre dans toute la francophonie, il est préférable de garder nos menteries pour les conversations familières!

250. Métropolitain

L'adjectif **métropolitain** qualifie ce qui appartient à une métropole. On peut parler, par exemple, d'une autoroute métropolitaine pour désigner une autoroute qui traverse une métropole. Par ailleurs, pour qualifier une grande ville et l'ensemble de ses banlieues et de ses régions périphériques, l'utilisation de **métropolitain** est considérée comme abusive. On a tendance à utiliser ce terme sous l'influence de l'anglais. Au lieu de parler du Montréal « métropolitain », par exemple, il faut plutôt parler du **GRAND MONTRÉAL**, de l'**AGGLOMÉRATION DE MONTRÉAL**, de **MONTRÉAL ET SES ENVIRONS** ou de **MONTRÉAL ET SA PÉRIPHÉRIE**. Évidemment, cette règle s'applique à toutes les autres grandes villes!

251. Mettre l'emphase

En français correct, le mot **emphase** est synonyme de grandiloquence et d'affectation. Par exemple, quelqu'un qui parle avec emphase parle avec une prétention un peu ridicule. Sous l'influence de la locution anglaise *to put the emphasis on*, beaucoup de gens ont tendance à utiliser la locution « mettre l'emphase » dans le sens de **METTRE L'ACCENT** ou d'**INSISTER**. Par exemple, au lieu de dire : on veut « mettre l'emphase » sur la qualité de la langue, il faut dire : on veut **METTRE L'ACCENT** ou on veut **INSISTER** sur la qualité de la langue.

252. Mettre sur la carte

« Mettre quelqu'un sur la map » est un anglicisme et « mettre quelqu'un sur la carte » est un calque de l'anglais (c'est-à-dire une traduction littérale de l'anglais). En bon français, **ON FAIT CONNAÎTRE** quelqu'un ou quelque chose, tout simplement. On dira, par exemple : avec ses réalisations spectaculaires, le maire Drapeau **A FAIT CONNAÎTRE** Montréal. Aussi, au lieu de dire de quelqu'un qu'il est « sur la map », on dira plutôt de cette personne qu'**ELLE EST TRÈS CONNUE** ou qu'**ELLE JOUIT D'UNE GRANDE RÉPUTATION**. Par ailleurs, l'expression **rayer de la carte** existe en français. Toutefois, on ne peut pas l'utiliser au sens figuré. On peut dire, par exemple, qu'une ville a été rayée de la carte à cause d'un cataclysme, mais on ne peut pas dire qu'un politicien a été « rayé de la carte ». Dans le cas d'une personne, on dira plutôt qu'elle est **DISPARUE DE LA CIRCULATION** ou, dans le cas d'artistes ou de personnalités publiques, qu'elle **S'EST RETIRÉE DE LA SCÈNE PUBLIQUE**.

Il est intéressant de noter que, pour une ville ou un réseau de communication, on doit utiliser le mot **plan** plutôt que « carte ». Par exemple, on parlera du plan de la ville de Sherbrooke et du plan du métro de Montréal, et non de la « carte ». On utilise le mot **carte** pour désigner les cartes géographiques et les cartes routières.

253. Mitaine

Mitaine, au sens de moufle, est considéré comme un canadianisme de bon aloi. Au Canada, la mitaine est une sorte de gant sans séparation pour les doigts, sauf pour le pouce. Le terme vient de l'anglais *mitten*, qui a lui-même été emprunté au français. Dans le reste de la francophonie, on utilise plutôt le mot moufle pour désigner ce vêtement. Techniquement, la mitaine est un gant de dame, généralement fait de dentelle fine, qui couvre la main tout en laissant le bout des doigts découverts. Nos amis français seraient surpris d'apprendre que nous portons des mitaines pour nous protéger des rigueurs de nos hivers !

254. Mots commençant par RESS (prononciation)

La syllabe **RESS** en début de mot ne se prononce jamais « rèss ». Pensez au mot **RESSERRER** Il ne nous viendrait pas à l'idée de prononcer « rÈsserrer ». Dans presque tous les cas, le **E** de **ress** se prononce comme le **E** de **JE**. On dira, par exemple : re-source, re-saisir, re-sentiment, re-sentir, re-sembler, re-sortir, etc. Dans la transcription phonétique des dictionnaires, on met entre parenthèses le son **E** de la plupart de ces mots. Cela signifie que dans la langue parlée, la prononciation du **E** est facultative : par exemple, on peut dire il me r'ssemble. Il existe trois exceptions à cette règle. Il s'agit des mots **ressusciter**, **ressuyer** et **ressayer** (qui est une graphie plus rare du verbe **réessayer**). Ces mots se prononcent respectivement : ré-susciter, ré-suyer et ré-sayer.

255. Moufflet

Le terme **MOUFFLET** est un néologisme proposé par l'Office de la langue française pour remplacer l'anglicisme « muffin ». Le mot anglais *muffin* vient de l'ancien terme français **pain moufflet**. Il ne faut pas confondre **moufflet** et le mot d'argot **mouflet**, qui désigne un petit enfant. Il faut retenir que même si **moufflet** est une proposition intéressante, **muffin** est tout de même acceptable. D'ailleurs, le terme **muffin** est de loin le plus répandu.

256. Moulin à coudre

Le moulin est un appareil qui sert à moudre ou à broyer. Par exemple, un moulin à café sert à moudre le café. C'est pourquoi on ne peut pas vraiment parler de « moulin à laver », de « moulin à coudre » ni de « moulin à l'herbe » (terme utilisé dans la région de l'Outaouais). Pour laver les vêtements, on utilise une **MACHINE À LAVER** ou un **LAVE-LINGE** (terme utilisé en Europe). Le québécisme **LAVEUSE** est également acceptable. Pour les travaux de couture, on se sert d'une **MACHINE À COUDRE**. Enfin, on tond le gazon avec une **TONDEUSE**.

257. Moulin à papier, papeterie, papetière

L'expression « moulin à papier » est considérée comme vieillie. Il s'agissait fort probablement d'un calque de l'anglais *paper mill.* L'usine où on fabrique le papier s'appelle **USINE DE PAPIER**, tout simplement. Autrefois, on appelait papeterie le lieu où on fabriquait le papier. En ce sens, le terme **papeterie** est vieilli. De nos jours, la **PAPETERIE** est un commerce ou un rayon d'un grand magasin où on vend du papier et des articles de bureau ou d'école. Le mot **papeterie** peut aussi désigner l'art de la fabrication du papier. Trois-Rivières a une école de papeterie réputée. Enfin, on appelle **PAPETIÈRE** ou **SOCIÉTÉ PAPETIÈRE** les sociétés dont les revenus proviennent essentiellement de la fabrication du papier. *Les papetières sont donc des sociétés et non des usines.* On peut dire, par exemple : Domtar est une importante papetière, comme on dirait : Esso est une grande pétrolière.

258. Mousser

Le verbe **mousser** n'a qu'un seul sens en français : faire de la mousse. On dira, par exemple, ce shampooing mousse beaucoup, c'est-à-dire qu'il fait beaucoup de mousse. L'expression **faire mousser** existe aussi dans la langue familière, mais elle signifie vanter exagérément quelqu'un ou quelque chose. Ce n'est pas exactement ce qu'on cherche à exprimer quand on parle de « mousser » la vente des billets d'un spectacle ou des disques d'un chanteur, par exemple. Dans la langue publicitaire, on utilise beaucoup le verbe **mousser** comme synonyme de **PROMOUVOIR**. Aucun dictionnaire n'accorde ce sens au verbe **mousser**. Donc, au lieu de « mousser » la vente de billets ou de disques, il faut plutôt **PROMOUVOIR** la vente de ces billets ou de ces disques.

259. Musique classique

Techniquement, la musique dite classique est la musique qui a été composée pendant la période classique, c'est-à-dire la période qui s'étend de la mort de Bach à la mort de Beethoven. Avant, c'est la période baroque ; après, c'est la période romantique. Toutefois, dans la langue courante, on peut utiliser le terme **musique classique** pour désigner la musique des grands compositeurs, peu importe l'époque. On peut également parler de **GRANDE MUSIQUE** ou de **MUSIQUE SÉRIEUSE.**

260. Nage et natation

Ces termes ne sont pas tout à fait synonymes. La **natation** est une activité. C'est l'action de nager. C'est également un sport. La **nage**, par ailleurs, est une manière de nager. Par exemple, la brasse est un type de nage. Quand on pratique la natation, on a le choix entre plusieurs types de nage : la brasse, le crawl, la nage papillon, etc.

261. Naviguer ou surfer sur Internet

Les deux termes sont acceptés, mais **NAVIGUER** est de plus en plus courant. On surfe **DANS** Internet ou **SUR** Internet. Par contre, on navigue **DANS** Internet et non « sur » Internet.

262. Ne pas avoir de problème avec ça

Certaines expressions familières qui nous viennent spontanément sont des anglicismes assez insidieux. « Je n'ai pas de problème avec ça » en est un bon exemple. Il s'agit, comme vous l'aviez deviné, du calque de la locution anglaise *I don't have a problem with that.* Selon le contexte, on dira plutôt : **JE SUIS TOUT À FAIT D'ACCORD, ÇA ME SEMBLE JUSTE, ÇA NE POSE AUCUN PROBLÈME EN CE QUI ME CONCERNE, ÇA ME CONVIENT, ÇA ME VA, ÇA NE ME GÈNE AUCUNEMENT**, etc.

263. Ne pas être sorti du bois

« On n'est pas sorti du bois » est une expression colorée et bien de chez nous, mais il s'agit malheureusement du calque de l'expression anglaise *we're not out of the wood yet.* En français, l'expression consacrée est **ON N'EST**

PAS SORTI DE L'AUBERGE. Cette expression doit être réservée aux conversations familières. En effet, dans un texte de bonne tenue, il est plus correct d'écrire: **NOUS NE SOMMES PAS AU BOUT DE NOS PEINES** ou, selon le contexte, **NOS PROBLÈMES NE FONT QUE COMMENCER**.

264. Ne pas le prendre personnel

« Ne le prenez pas personnel » est le calque de l'anglais *don't take it personal.* En français, un adjectif peut être utilisé comme adverbe. Les adjectifs **haut**, **bas**, **dur** et **fort** sont souvent utilisés adverbialement. On dira, par exemple: vous parlez fort, elle travaille dur, l'avion vole bas, il pense tout haut, etc. Ce n'est pas le cas de l'adjectif **personnel**. Il faut plutôt dire: **NE PRENEZ PAS CES REMARQUES PERSONNELLEMENT** ou **NE VOUS SENTEZ PAS PERSONNELLEMENT VISÉ**.

265. Nettoyeur et teinturier

Le mot **nettoyeur** désigne une personne qui nettoie. Dans le *Petit Robert,* on donne comme exemple nettoyeur de vitres. Le terme **teinturier**, encore utilisé en Europe, est à peu près inusité ici. En français moderne, le teinturier est la personne qui s'occupe de l'entretien des vêtements (nettoyage, dégraissage, repassage et teinture). On peut considérer le terme **nettoyeur** comme un régionalisme acceptable. D'ailleurs, la principale spécialité des nettoyeurs est justement le nettoyage et non la teinture!

266. Niche et créneau

En français, les niches servent à abriter les statuettes, les urnes funéraires et les chiens. Dans le domaine des affaires, on utilise beaucoup le mot **niche** depuis quelques années. Les Américains nous ont emprunté ce mot pour dénommer un secteur du marché qu'une société peut occuper pour exercer son activité commerciale. Le terme français consacré pour désigner cette réalité est **CRÉNEAU**. On peut dire, par exemple: ce produit sera distribué dans des **CRÉNEAUX** spécifiques (et non des « niches »). Dans le domaine de la radiotélévision, le terme **créneau** désigne également une période de temps d'antenne réservé à une diffusion. On dira, par exemple: le créneau de 20 h à 21 h bénéficie des plus grandes cotes d'écoute.

267. Noël (genre)

La fête religieuse est de genre masculin (c'est pourquoi on dit **JOYEUX NOËL!** et non « joyeuse Noël! ») Le nom commun **noël** est aussi masculin lorsqu'il désigne une chanson de Noël. On dira, par exemple: un noël anglais, un noël d'Alsace, les fameux noëls de Daquin, etc. (dans ce cas, **noël** ne prend pas la majuscule). Dans le reste de la francophonie, on utilise parfois le mot **noël** pour désigner un cadeau qu'on offre à l'occasion de Noël. On dira, par exemple: je vous ai apporté un petit noël. Seule la fête familiale est de genre féminin. Par exemple, on passe **la Noël** en famille. Plus couramment, toutefois, on dira: on passe **Noël** en famille.

268. Noirceur

L'utilisation du mot **noirceur** pour désigner l'absence de lumière est considérée comme un régionalisme abusif. La noirceur est l'état de ce qui est noir. Il est tout à fait correct de parler de la noirceur de l'ébène ou du charbon. Au sens figuré, on peut également parler de la noirceur d'un crime, par exemple. Au lieu de dire : des quadrilatères entiers sont plongés dans la « noirceur », il est plus juste de dire : des quadrilatères entiers sont plongés dans l'**OBSCURITÉ** ou dans le **NOIR**. Bien sûr, on peut également contourner le problème et dire : des quadrilatères entiers sont **PRIVÉS DE LUMIÈRE**.

269. Nom de peuples (majuscule)

Quand un gentilé (c'est-à-dire un nom de peuple) est employé comme nom, on met la majuscule. Par exemple, un Canadien, une Française, un Danois, etc. Par contre, quand il est employé comme adjectif, on met la minuscule. Par exemple, le bras canadien, la langue française, une sardine portugaise, etc. Cette règle s'applique également aux noms des habitants des villes et des provinces. Par exemple, on dira un Trifluvien, mais une avocate torontoise ; une Ontarienne, mais un médecin albertain, etc.

270. Nominé

On dit d'un candidat en lice pour un prix qu'il est **SÉLECTIONNÉ** et non « nominé ». Par exemple, on parlera des chanteurs sélectionnés pour un *Félix*, et non des chanteurs « nominés » pour un *Félix*. L'adjectif « nominé » et l'expression « être en nomination » sont de plus en plus courants partout dans la francophonie, mais leur utilisation est encore très critiquée.

271. Nous avons quatre beaux degrés à l'extérieur de nos studios

En français correct, on ne peut pas « avoir » des degrés. Les gens qui donnent les bulletins de météo essaient de trouver des façons originales de présenter leur information, mais il se glisse parfois de petites impropriétés. La manière la plus correcte d'annoncer qu'il fait quatre degrés est justement **IL FAIT QUATRE DEGRÉS**, tout simplement! Évidemment, il est inutile de préciser que la température annoncée est celle qu'il fait à *l'extérieur* des studios! Toutefois, il est correct d'indiquer l'endroit plus ou moins précis où la température a été prise. Par exemple, on peut dire : il fait actuellement quatre degrés au centre-ville de Montréal (ou à l'aéroport de Dorval).

272. Ondée

Techniquement, ondée est synonyme d'averse. Selon certains ouvrages, toutefois, l'ondée serait moins violente que l'averse. De nos jours, le terme **ondée** est très rarement utilisé dans la langue de la météorologie. Ce mot est de plus en plus considéré comme un terme poétique.

273. Opportunité et occasion

La plupart des dictionnaires attestent maintenant le terme **opportunité** au sens d'occasion. Dans son sens premier, **opportunité** est le caractère de ce qui est opportun. Par exemple, on peut dire : je doute de l'opportunité de votre remarque (je doute que votre remarque soit pertinente). Au sens d'occasion, le mot **opportunité** a longtemps été considéré comme un anglicisme, mais depuis quelques années, il s'est répandu dans certains milieux et l'usage l'a consacré en quelque sorte. Même si cette nouvelle acception du mot **opportunité** est maintenant acceptée, il est toujours préférable d'utiliser le mot **OCCASION**. Par exemple, au lieu de dire : je profite de l'« opportunité » qui m'est offerte, on peut toujours dire : je profite de l'**OCCASION** qui m'est offerte.

274. Orage électrique

Le terme « orage électrique » est redondant. Par définition, un orage est une perturbation atmosphérique souvent accompagnée de pluie et de vents et qui est caractérisée par des phénomènes électriques. Donc, pour qu'il y ait un orage, il doit absolument y avoir du tonnerre et des éclairs. Il n'est donc pas nécessaire d'ajouter l'adjectif électrique, le mot **orage** suffit.

275. Orchestre symphonique ou philharmonique

La différence entre un orchestre symphonique et un orchestre philharmonique est assez subtile. Les deux orchestres sont en réalité des orchestres symphoniques, c'est-à-dire de grands orchestres complets, avec toutes les sections normales. En principe, un orchestre philharmonique est un orchestre symphonique qui est associé à une philharmonie, c'est-à-dire à une société d'amateurs de musique. De nos jours, les nouveaux orchestres philharmoniques sont assez rares. En général, on n'utilisera l'appellation **orchestre philharmonique** que pour désigner les orchestres qui ont le mot philharmonique dans leur raison sociale (les orchestres philharmoniques de New York, de Vienne et de Berlin, le Philharmonia de Londres, etc.) En cas de doute, il est toujours correct et pertinent d'utiliser le terme **orchestre symphonique**.

276. Oui et si

L'adverbe **oui** sert à répondre à une question positive et l'adverbe **si** sert à répondre à une question négative. Par exemple, si on vous demande : avez-vous apporté votre parapluie ? et que vous avez effectivement apporté votre parapluie, vous devez répondre : **OUI**, je l'ai apporté. Par contre, si on vous dit : vous n'avez *pas* apporté votre parapluie ?, alors que vous avez apporté votre parapluie, vous devez répondre : **SI**, je l'ai apporté. Cette utilisation du **si** n'est pas très répandue chez nous. Pourtant, il s'agit d'une règle de grammaire élémentaire. En effet, toutes les grammaires françaises considèrent comme une faute l'utilisation de l'adverbe **oui** pour réfuter une question négative.

277. **Ours** (prononciation)

Le mot **ours** se prononce **OURSSS** au singulier et au pluriel. On dira donc un OURSSS et des OURSSS et non pas un « our » et des « our ». La prononciation « our » est considérée comme régionale et archaïque.

278. Pallier à, parer à

On remédie **À** quelque chose, mais on pallie quelque chose. Le verbe **pallier** ne doit pas être suivi de la préposition **à**. Donc, on pallie un manque, on ne pallie pas « à » un manque. La plupart des dictionnaires s'entendent pour dire que « pallier à » est une forme à proscrire. Il faut également retenir que le verbe **pallier** signifie corriger quelque chose de manière *provisoire et incomplète* (on n'a qu'à penser aux soins palliatifs). Donc, quand on pallie un manque, on corrige la situation temporairement, en attendant une meilleure solution. D'ailleurs, dans son sens premier, le verbe **pallier** signifie dissimuler pour sauver les apparences.

On confond parfois les verbes **pallier** et **parer**. Le verbe **parer** signifie se protéger, faire face à, et il peut être suivi de la préposition **à**. Par exemple, on dira : il faut parer À toute éventualité (c'est-à-dire qu'il faut prendre toutes les dispositions nécessaires). Il est incorrect de dire « pallier à toute éventualité ».

279. Pamphlet et dépliant

En français, un **pamphlet** est un court écrit satirique qui attaque avec violence les institutions ou un personnage connu. Les imprimés publicitaires qu'on reçoit dans le courrier, souvent malgré soi, sont généralement des **DÉPLIANTS**, des **BROCHURES** ou des **PROSPECTUS**. Quant au mot **circulaire**, il désigne une lettre de type administratif qu'on distribue à un grand nombre de personnes. Le mot **circulaire** est féminin.

280. Paparazzi

Paparazzi est un mot pluriel en italien. En réalité, il s'agit de la forme plurielle du nom d'un personnage dans le film *La dolce vita* de Fellini, un photographe du nom de Paparazzo. Dans la plupart des dictionnaires, on considère que paparazzi n'a pas de singulier. Toutefois, quand on veut désigner un seul de ces photographes, on dit quand même UN paparazzi en utilisant la forme plurielle, ce qui est un peu paradoxal. Autrement dit, ce mot, qui était pluriel en italien, est devenu singulier en français. Comme paparazzi est maintenant considéré comme un mot singulier, il est logique d'écrire : un paparazzi, des paparazzis.

281. Par le biais de

L'expression **par le biais de** est bien correcte en français. Toutefois, il faut noter que son sens est un peu péjoratif. Quand on dit qu'une personne a obtenu des renseignements par le biais de quelqu'un ou de quelque chose, on sous-entend qu'elle a obtenu ces renseignements par des moyens détournés, artificieux ou par des manigances. Comme la plupart des gens ne manigancent pas toujours pour obtenir ce qu'ils veulent, il est préférable de dire qu'on obtient quelque chose **PAR L'ENTREMISE** ou **PAR L'INTERMÉDIAIRE** de quelqu'un ou **GRÂCE À** quelqu'un !

282. Parking, stationnement

Le mot « parking » figure dans tous les dictionnaires. Toutefois, on aurait intérêt à remplacer cet anglicisme par les termes **PARC DE STATIONNEMENT** ou **STATIONNEMENT**. Aussi, au lieu de dire qu'on « parque » sa voiture, il faut plutôt dire qu'on **GARE** ou qu'on **STATIONNE** sa voiture.

283. Partir (transitif)

Les verbes intransitifs sont des verbes qui ne peuvent être suivis d'un complément d'objet. Les verbes **arriver, mourir** et **progresser,** par exemple, sont toujours intransitifs parce qu'on ne peut jamais arriver, mourir ni progresser quelque chose ou quelqu'un. Enfin, d'autres verbes sont tantôt intransitifs, tantôt transitifs. Par exemple : Il arrête sa voiture (transitif) ; elle est très active, elle n'arrête jamais (intransitif).

Le verbe **partir** est toujours intransitif. Voici vingt expressions familières dans lesquelles le verbe **partir** est fautivement utilisé de manière transitive. Les solutions de rechange proposées sont les plus courantes, mais il en existe d'autres.

«partir» une pompe	**AMORCER** une pompe
«partir» une mode	**LANCER** une mode
«partir» un feu de foyer	**ALLUMER** un feu de foyer
«partir» une machine	**FAIRE DÉMARRER** une machine
«partir» un commerce	**LANCER** un commerce
«partir» quelqu'un dans le crime	**ENTRAÎNER** quelqu'un dans le crime
«partir» quelqu'un dans un domaine	**INITIER** quelqu'un à un domaine
«partir» une compagnie	**FONDER** une compagnie
«partir» une rumeur	**LANCER** une rumeur
«partir» les pommes de terre	**METTRE** les pommes de terre **AU FEU**
«partir» le chauffage	**METTRE** le chauffage
«partir» une secte	**FONDER** une secte
«partir» un débat	**LANCER** un débat
«partir» une campagne	**LANCER** une campagne
«partir» une polémique	**ENGAGER** une polémique
«partir» la journée	**COMMENCER** la journée
«partir» une tondeuse	**FAIRE DÉMARRER** une tondeuse
«partir» («se partir») en affaires	**SE LANCER** en affaires
«partir» une chicane	**PROVOQUER** une chicane
«partir» le bal	**OUVRIR** le bal

284. Patch et timbre transdermique

On appelle **TIMBRES TRANSDERMIQUES** (ou **DISQUES TRANSDERMIQUES**) les petites pastilles médicamenteuses qu'on colle sur la peau et qui libèrent progressivement une substance active (en général un médicament, mais aussi des hormones) dans le sang de la personne qui les porte. Il existe, par exemple, des timbres transdermiques pour le mal des transports. Les timbres conçus pour aider les gens à cesser de fumer fonctionnent selon le même principe. Dans ce cas précis, on parlera de **TIMBRE** (ou de **DISQUE**) **ANTITABAGIQUE** ou **ANTITABAC**.

285. Patio, barbecue et grillades

Le **PATIO** (qu'on prononce pa-tio ou pa-sio) était à l'origine la cour intérieure des maisons de style espagnol. De nos jours, n'importe quelle cour intérieure aménagée peut s'appeler patio. Quant au **BARBECUE**, il s'agit d'un appareil de cuisson au charbon de bois servant à faire des grillades en plein air. Le terme **barbecue** désigne également le repas en plein air où on sert des viandes grillées. Toutefois, les viandes qu'on sert à un barbecue s'appellent **GRILLADES** et non pas « barbecue ». Ainsi, on mange des **GRILLADES** et non du « barbecue ». À moins d'avoir un estomac d'autruche, il faut éviter de dire qu'on mange des « grillages » !

286. Payez à moi

On voit souvent cette faute sur les additions dans les restaurants. Comme on peut payer quelque chose À quelqu'un, on peut simplement dire : **S.V.P., PAYEZ AU SERVEUR** (ou **À LA SERVEUSE**). Enfin, il est correct de dire qu'on paye À un endroit. On peut donc dire : **S.V.P., PAYEZ À LA CAISSE** ou **S.V.P., PAYEZ À LA TABLE.**

287. Peindre, peinturer et peinturlurer

Le verbe **peinturer** est bien français, mais il n'est pas vraiment synonyme du verbe **peindre**. Certaines personnes croient que l'artiste peint un tableau et que le peintre en bâtiment « peinture » un mur. Ce n'est pas le cas. Le verbe **peinturer** est considéré comme un archaïsme en ce sens. En français moderne, on **PEINT** un tableau et on **PEINT** aussi un mur. En fait, peindre signifie recouvrir de peinture, peut importe le contexte. Par ailleurs, le verbe **peinturer**, dans son sens moderne, signifie peindre de manière grossière et maladroite, barbouiller ou peindre avec des couleurs criardes. En fait, le verbe **peinturer** est synonyme du verbe **peinturlurer**.

288. Peine et sentence

On ne peut pas purger une sentence. On a souvent tendance à utiliser le mot **sentence** dans le sens du mot anglais *sentence*. La **sentence** est le jugement rendu par un tribunal. Par exemple, le juge peut dire : je vous condamne à six mois de prison. Il s'agit là d'une sentence, c'est-à-dire une sanction, un ordre, une punition. Par ailleurs, la **peine** est l'application de la sentence. Par conséquent, un criminel peut purger une **PEINE** de six mois, mais il ne peut pas purger une « sentence ».

289. Performance

MÉFIEZ-VOUS DES PERFORMANCES...

Le mot **performance** est à la mode et son utilisation, souvent abusive. Voici trois définitions attestées du mot **performance** :

A. Dans la langue générale, une **performance** est un exploit, un tour de force, une prestation remarquable, voire exceptionnelle. Par exemple, quand on a des enfants, travailler tout en poursuivant des études constitue une véritable performance.

B. Dans le vocabulaire des sports, le mot **performance** a une connotation assez neutre puisqu'il désigne simplement la prestation d'un athlète dans une épreuve sportive. Dans ce cas, une performance peut être bonne ou mauvaise. Il est donc tout à fait correct de dire : cette nageuse a donné une piètre performance.

C. Dans le domaine des arts de la scène, une performance est également un mode d'expression plus ou moins spontané, souvent multidisciplinaire et avant-gardiste. Par exemple, les performances de Michel Lemieux ont connu une grande popularité dans les années 1980. Cette acception du mot **performance** est de moins en moins courante.

Dans la langue technique, **performance** est considéré comme un anglicisme et son utilisation, quoique très répandue, est encore contestée. Il est plus juste de parler de **RENDEMENT MAXIMAL** dans ce cas. Par ailleurs, l'adjectif **performant** est attesté dans un contexte technique.

290. Perluète, et commercial

Le symbole & s'appelle **PERLUÈTE, ESPERLUÈTE, PIRLOUETTE** ou **ET COMMERCIAL**. En fait, le nom de ce symbole était **ÈTE** à l'origine, mais des écoliers l'on baptisé perluette, esperluette et pirlouette pour s'amuser. Le nom est resté. Il est important de retenir que ce symbole doit être réservé aux raisons sociales exclusivement. Contrairement à l'usage anglais, on ne peut pas utiliser la perluète au lieu de la conjonction **et** dans la langue courante. Par exemple, on ne peut pas écrire « fruits & légumes ». Il faut plutôt écrire : fruits **ET** légumes. Par contre, dans une raison sociale, on peut écrire : Saint-Pierre & Derome, Lepère & fils, etc.

291. Personnificateur féminin, travesti, etc.

On voit parfois l'expression « personnificateur féminin » sur les annonces des établissements qui présentent des spectacles mettant en vedette des hommes habillés en femme. « Personnificateur féminin » est le calque approximatif du terme anglais *female impersonator.* En français, on doit plutôt parler de **TRAVESTI**. En fait, le mot **travesti** désigne ceux et celles qui préfèrent porter les vêtements normalement portés par les personnes du sexe opposé. Donc, quelqu'un qui gagne sa vie en pratiquant cette activité est un **TRAVESTI PROFESSIONNEL**, et puisqu'il s'agit d'une activité artistique, on peut également parler d'**ARTISTE TRAVESTI**.

292. Photoradar

Dans la langue technique, on appelle **CINÉMOMÈTRE PHOTO** (ou **CINÉMOMÈTRE**, tout court) l'appareil constitué d'un radar et d'un appareil photo, que la police de la route de certaines provinces canadiennes utilise pour contrôler la vitesse des véhicules. Le terme **cinémomètre**, le croiriez-vous, a fait son entrée officielle dans la langue française en 1904 ! Les termes **radar photographique** et **radar photo** ne sont pas encore attestés, mais ne sont pas vraiment fautifs. On peut donc les utiliser dans la langue de tous les jours. Par contre, « photoradar » est toujours considéré comme un anglicisme.

293. Piercing

Les termes « piercing » et « body piercing » sont évidemment des anglicismes. Pour désigner cette forme d'art populaire, on peut utiliser le terme **PERÇAGE**, tout simplement. En contexte, on comprendra que c'est une partie du corps qui est percée, il est donc inutile de parler de « perçage corporel » ou de préciser quelle partie du corps est percée. À moins de ne vouloir spécifiquement parler du perçage du nez, de l'oreille ou de la langue, par exemple, on utilisera le mot **perçage** seul. Donc, au lieu de dire : le « body piercing » est très populaire, on dira : le **PERÇAGE** est très populaire.

294. Pierres et calculs

Le mot **pierre**, utilisé pour désigner les concrétions qui se forment dans la vésicule biliaire ou dans les reins, est considéré comme un archaïsme. De nos jours, on utilise plutôt le terme **calcul**. Donc, au lieu de parler de « pierres sur le foie » ou de « pierres au foie », on parlera plutôt de **CALCULS BILIAIRES**. De même, au lieu de parler de « pierres sur les reins » ou de « pierres aux reins », on parlera plutôt de **CALCULS RÉNAUX** ou de **CALCULS URINAIRES**. Le mot **calcul** vient du latin *calculus*, qui veut dire caillou. Dans l'Antiquité, on utilisait des petites pierres en guise de jetons pour compter.

295. Piger

En français, le verbe **piger** est un mot de la langue familière qui signifie comprendre. Par exemple, on dira à quelqu'un : tu piges ? Par ailleurs, quand on prend une lettre au hasard dans une boîte, on la **TIRE**, on ne la « pige » pas. C'est d'ailleurs du verbe **tirer** que vient le mot **tirage**. Toutefois, le verbe **piger**, au sens de tirer, est un terme couramment utilisé chez nous et ailleurs dans la francophonie. Cette utilisation du verbe **piger** est considérée comme un régionalisme. Il est donc acceptable d'utiliser **piger** au sens de tirer dans la langue familière, mais dans la langue soutenue, le verbe **TIRER** est plus correct.

296. Pilule, comprimé, etc.

Tous les comprimés sont des pilules, mais toutes les pilules ne sont pas des comprimés! Le mot **PILULE** est un terme générique qui regroupe les comprimés, les gélules, les granules, etc. Tout médicament solide de forme plus ou moins sphérique est une pilule. Le **comprimé**, pour sa part, est un médicament solide obtenu par la compression de substances médicamenteuses sèches. Les aspirines sont des comprimés.

Autrefois, les **cachets** étaient des capsules de pain azyme qui contenaient une poudre médicamenteuse. En fait, le cachet est l'ancêtre de la gélule. Les **gélules** sont des capsules gélatineuses molles ou dures qui contiennent un médicament liquide, en poudre ou en granules. Le mot **capsule** est également acceptable pour désigner la gélule.

297. Planche à roulettes, skateboard

Le *skateboard*, qu'on appelait déjà **rouli-roulant** au milieu des années 1960, s'appelle aujourd'hui **planche à roulettes**. Les adeptes de la planche à roulettes s'appellent **planchistes** ou **plancheurs**.

298. Plein de ci, plein de ça...

La répétition excessive d'une même locution ou expression devient un tic de langage et dénote une certaine pauvreté de vocabulaire. Même si la locution **plein de** est tout à fait correcte pour désigner un grand nombre de choses, il est bon de savoir qu'il existe plus d'une expression pour exprimer cette réalité. Donc, au lieu de toujours utiliser **plein de** à toutes les sauces, on peut dire : **BEAUCOUP DE, DES TAS DE, UNE FOULE DE, UN GRAND NOMBRE DE, DES MASSES DE, ÉNORMÉMENT DE, UNE MULTITUDE DE, UNE GRANDE QUANTITÉ DE, UNE GRANDE VARIÉTÉ DE**, etc.

299. Plume

On confond souvent la **plume**, le **stylo** et le **stylo-bille** (ou **stylo à bille**). La **plume** est un petit bout de métal attaché à un porte-plume, qu'on trempe dans l'encre pour écrire. De nos jours, à peu près personne n'écrit avec une plume. Le **stylo** est également un type de porte-plume, mais avec un réservoir ou une cartouche d'encre. En fait, le stylo désigne ce qu'on appelait la « plume-fontaine » ou la « plume-réservoir ». Ces deux termes sont des anglicismes. L'instrument qu'on appelle **stylo**, de nos jours, est en réalité un **STYLO À BILLE** ou un **STYLO-BILLE**.

300. Plum-pudding et sauce dure

Le terme **plum-pudding** est accepté en français. On peut aussi dire **pouding de Noël**. Contrairement à ce que certains pensent, le plum-pudding ne contient pas de prunes ! En anglais, on appelle *plum* un raisin ou un fruit sec qu'on utilise dans un gâteau ou dans un pouding. En outre, il est incorrect de dire qu'on mange le plum-pudding avec une « sauce dure ». Techniquement, les sauces ne sont pas utilisées dans les desserts (sauce vient du latin *salsa* qui signifie chose salée). La « sauce » qui accompagne le plum-pudding, et qu'on appelle en anglais *hard sauce*, est en réalité un simple mélange de beurre, de sucre et d'alcool. On dira donc, selon le cas,

BEURRE AU WHISKY, BEURRE AU COGNAC ou BEURRE AU RHUM.

301. Pluriel des mots étrangers

La tendance actuelle est à la francisation des mots étrangers. On n'essaie plus de prononcer les mots étrangers exactement comme dans la langue d'origine. Par exemple, on entend plus souvent « Bill Clintonne », à la française, que « Bill Clintunne », à l'anglaise. La même règle s'applique aux mots latins. On dira donc referANdum et non plus « référINdum », consANsus et non plus « consINsus », etc. Les seules exceptions sont **agenda** et **pentagone** qui ont conservé une prononciation plus latine (agINda et pINtagone). On a également tendance à franciser les pluriels de certains mots étrangers, notamment les mots italiens et allemands dans le langage musical. Par exemple, on dira un concerto, des concertos, et non plus un concerto, des « concerti ». De la même manière, on dira un lied, des lieds et non plus un lied, des « lieder ». L'utilisation du pluriel étranger *n'est pas vraiment fautive*, mais de nos jours, on la considère comme un peu affectée.

302. Plusieurs et beaucoup

En français moderne, **plusieurs** désigne un nombre indéfini de choses ou de personnes, un nombre supérieur à deux, mais en général pas très élevé. Par exemple, si on dit qu'on a plusieurs téléphones à la maison, c'est qu'on en a trois ou quatre, peut-être. Par ailleurs, **beaucoup** désigne un grand nombre de choses ou de personnes. Par exemple, si on dit qu'il y avait beaucoup de personnes à un concert, c'est que le concert a été un succès. Par contre, si on dit qu'il y avait plusieurs personnes...

303. Political correctness

Le terme anglais *political correctness* désigne un concept consistant à ne rien dire et ne rien faire qui puisse avoir l'apparence de nuire aux droits ou aux libertés des groupes minoritaires. Le principe est excellent, mais c'est lorsqu'on le pousse à l'extrême que ça se complique ! Quant aux équivalents, on a tout d'abord proposé le terme **NOUVELLE ORTHODOXIE**, qui ne s'est pas vraiment implanté. C'est dommage, d'ailleurs, car il s'agit réellement du terme le plus juste. On peut aussi parler d'**orthodoxie intellectuelle** et d'**orthodoxie politique**. C'est toutefois l'expression **RECTITUDE POLITIQUE** qui s'est imposée. Quant à l'anglicisme *politically correct* et son calque « politiquement correct », ils ont fini par supplanter les termes français **néo-orthodoxe**, **politiquement orthodoxe** et **politiquement conforme**.

304. Possiblement

L'adverbe **possiblement** existe en français, mais il est à peu près inusité dans les autres pays de la francophonie. Cet adverbe, qui avait complètement disparu de la langue, a ressurgi au XXe siècle sous l'influence de l'anglais *possibly*. Beaucoup de dictionnaires ignorent complètement l'adverbe **possiblement** parce qu'il est tout à fait inutile, finalement. En effet, il est toujours possible de le remplacer par **PEUT-ÊTRE**, tout simplement.

305. Pouce vert

En principe, l'expression **avoir le pouce vert** est un calque de l'anglais *to have a green thumb*. Selon certains ouvrages spécialisés, on devrait plutôt dire d'une personne qui a un don pour faire pousser les plantes qu'elle a la **MAIN VERTE** ou qu'elle a les **DOIGTS VERTS.** D'autres ouvrages attestent également l'expression avoir **LES POUCES VERTS.** L'Office de la langue française considère l'expression **AVOIR LE POUCE VERT** comme un régionalisme acceptable.

306. Poudrerie

Poudrerie est un canadianisme de bon aloi. Ce terme plutôt poétique désigne la neige poussée par des rafales. Il ne s'agit pas d'un type de précipitation à proprement parler. Il s'agit simplement de la neige au sol qui se déplace. Dans le reste de la francophonie, on appelle parfois ce phénomène « blizzard », mais à tort. Le blizzard est une tempête de neige accompagnée de vent violent et très froid (température inférieure à -12°). De plus, pour qu'il s'agisse vraiment d'un blizzard, il faut que tous ces phénomènes atmosphériques durent au moins six heures. On est bien loin de la petite poudrerie !

307. Préfixes (trait d'union)

En français, le trait d'union est de moins en moins courant dans les nouveaux mots composés avec des préfixes. Voici les règles qui s'appliquent, en matière d'utilisation du trait d'union, pour quelques-uns des préfixes les plus courants.

Les mots composés avec les préfixes **AUDIO, BI, CO, INTER, MINI, MONO, MULTI, PARA, PLURI, POLY, POST, PRÉ, SUPER, SUPRA** et **VIDÉO** s'écrivent en un seul mot, sans trait d'union.

ANTI Les mots composés avec **ANTI** s'écrivent en un seul mot, sans trait d'union, sauf si le deuxième élément commence par un **i** (anti-inflammatoire), si le mot est formé pour la circonstance (anti-Clinton) ou si le mot comporte trois éléments (anti-sous-marin).

INTRA Les mots composés avec **INTRA** s'écrivent en un seul mot, sans trait d'union, sauf si le deuxième élément commence par une voyelle (intra-utérin) et dans l'adverbe **intra-muros**.

PRO Les mots composés avec **PRO** s'écrivent en un seul mot, sans trait d'union, sauf si le deuxième élément est un acronyme ou un sigle (pro-NPD).

DEMI Les mots composés avec **DEMI** s'écrivent avec un trait d'union.

SEMI Les mots composés avec **SEMI** s'écrivent avec un trait d'union.

MICRO Les mots composés avec **MICRO** s'écrivent en un seul mot, sans trait d'union, sauf si le deuxième élément commence par un **i** ou un **o** (micro-injection, micro-onde).

MACRO Les mots composés avec **MACRO** s'écrivent en un seul mot, sans trait d'union, sauf si le deuxième élément commence par un **i** ou un **o** (macro-instruction, macro-organisme).

EXTRA Les mots composés avec **EXTRA** s'écrivent en un seul mot, sans trait d'union, sauf si le deuxième élément commence par une voyelle (extra-atmosphérique) et dans l'adverbe **extra-muros**.

TÉLÉ Les mots composés avec **TÉLÉ** s'écrivent en un seul mot, sans trait d'union, sauf si le deuxième élément commence par un **e** (télé-enseignement, télé-écoute, télé-émetteur).

RADIO Les mots composés avec **RADIO** s'écrivent en un seul mot, sans trait d'union, sauf si le deuxième élément commence par la lettre **i** (radio-isotope).

Sources : *Multidictionnaire, Le Petit Robert*

308. Prendre pour acquis

L'expression « prendre pour acquis » est un calque de l'anglais *to take for granted.* Rassurez-vous, l'expression française équivalente n'est pas bien différente ! En effet, il faut plutôt dire **TENIR POUR ACQUIS**.

309. Prescription et ordonnance

Il ne faut pas confondre les termes **prescription** et **ordonnance**. En français, dans le domaine des soins de la santé, la prescription est une recommandation du médecin. Par exemple, le médecin peut nous dire : gardez le lit et buvez beaucoup de liquide. Cette recommandation est une prescription. Par ailleurs, le papier signé du médecin qu'on présente au pharmacien pour obtenir un médicament s'appelle **ORDONNANCE**. Autrement dit, une ordonnance est une prescription écrite.

310. Préservatif, agent de conservation

Anciennement, le mot **préservatif** désignait quelque chose qui nous mettait à l'abri d'un danger ou d'un phénomène nuisible. Par exemple, on pouvait dire que l'ail était un préservatif contre le rhume. En français moderne, le mot **préservatif** est presque exclusivement utilisé pour désigner les moyens mécaniques de contraception, notamment les condoms et les diaphragmes. Le mot **condom**, qui était considéré comme archaïque, est de plus en plus utilisé dans toute la francophonie, probablement sous l'influence de l'anglais. Par ailleurs, si on veut désigner les ingrédients qu'on ajoute aux aliments pour en empêcher ou en ralentir la détérioration, il faut parler d'**AGENTS DE CONSERVATION** et surtout pas de préservatifs!

Préservatif ou agent de conservation?

311. Prévaloir

En français, **prévaloir** signifie l'emporter sur, avoir le dessus sur ou prédominer. Par exemple, on peut dire: c'est la dernière version du contrat qui prévaut (c'est-à-dire qui fait foi). La locution pronominale **se prévaloir de** est également correcte. Elle signifie tirer avantage ou profit de. Par exemple, il est bien français de dire: le président s'est prévalu de son droit de veto. Ce n'est que lorsqu'il est utilisé comme synonyme d'**AVOIR COURS** ou d'**EXISTER** que le verbe **prévaloir** est un anglicisme.

De même, au lieu de dire : la même situation « prévaut », il est plus juste de dire : **LA SITUATION N'A PAS CHANGÉ** ou **NOUS SOMMES DANS LA MÊME SITUATION.**

312. Prime de séparation

S'il y avait des « primes de séparation », il faudrait probablement qu'il y ait aussi des « primes de divorce » ! « Prime de séparation » est calqué sur le terme anglais *severance pay*. Certaines personnes utilisent l'anglicisme « package ». En français, la somme versée par un employeur à un employé au moment où cet employé quitte l'entreprise s'appelle **INDEMNITÉ DE DÉPART** ou **INDEMNITÉ DE CESSATION D'EMPLOI.**

313. Prise d'otage de trois jours

La **prise d'otages** est un crime qui consiste à prendre des personnes contre leur gré, avec l'intention de les détenir comme monnaie d'échange. Si on y pense bien, la prise d'otage ne dure que quelques instants, c'est la détention ou la séquestration des otages qui peut durer indéfiniment. Donc, au lieu de dire : « après une prise d'otage qui a duré trois jours », le terroriste s'est rendu sans condition, il aurait plutôt fallu dire : **APRÈS AVOIR DÉTENU LES OTAGES PENDANT TROIS JOURS**, ou, **APRÈS AVOIR SÉQUESTRÉ LES OTAGES PENDANT TROIS JOURS**, le terroriste s'est rendu sans condition.

314. Prochain (suivant deux dates)

L'adjectif **prochain** utilisé avec deux dates peut s'écrire au singulier ou au pluriel. Tout dépend du moment où la phrase est écrite! Par exemple, si on est au mois de mai et qu'on écrit les 15 et 16 mai prochains, il est évident que ce sont les jours qui sont prochains et non le mois puisqu'on est déjà dans le mois de mai. Donc, comme ce sont les jours qui sont prochains et qu'il y en a deux, on mettra un S à prochains. Par contre, si on est toujours en mai et qu'on écrit les 15 et 16 novembre prochain, comme on n'est pas en novembre au moment où on écrit la phrase, c'est le *mois* qui est prochain et non les jours. On dira donc les 15 et 16 novembre prochain, sans S. Enfin, lorsque les deux dates sont dans deux mois différents, il n'y a vraiment aucun doute : l'adjectif prend toujours la marque du pluriel : les 31 juillet et 1er août prochains. Évidemment, la même règle s'applique dans le cas de l'adjectif **dernier**.

315. Professeur, enseignant, instituteur

Le terme **ENSEIGNANT** est générique. Toute personne qui enseigne est un enseignant. **Enseignant** est considéré comme un terme administratif. Les personnes qui enseignent au niveau primaire sont des **INSTITUTEURS** et des **INSTITUTRICES**. Ces termes sont plus souvent utilisés dans la langue administrative également. Dans la langue courante, on dira plutôt **MAÎTRE** et **MAÎTRESSE**. Enfin, on appelle **PROFESSEURS** les personnes qui enseignent aux niveaux secondaire, collégial ou universitaire, ou dans un établissement privé. Toutefois, seuls les professeurs d'université peuvent porter le titre de professeur devant leur nom. Par exemple, M. Leproffe, enseignant au niveau secondaire peut dire qu'il est professeur, mais il ne peut pas se faire appeler « Professeur Leproffe ».

316. Prononciation des noms de villes

Pékin ou Beijing?

L'utilisation du nom chinois *Beijing* a été officiellement recommandée par le gouvernement chinois il y a quelques années. Toutefois, les pays francophones ont continué de dire **Pékin**. Comme la capitale chinoise, dont le nom a été francisé il y a de nombreuses années, n'a pas réellement changé son appellation officielle, il n'y a aucune raison de changer son appellation translittérée dans les autres langues. D'ailleurs, s'il fallait prononcer tous les noms de villes dans la langue d'origine, on se retrouverait avec:

London au lieu de **Londres**
Roma au lieu de **Rome**
Lisboa au lieu de **Lisbonne**
Beograd au lieu de **Belgrade**
Moskva au lieu de **Moscou**
København au lieu de **Copenhague**
s'Gragvenhague au lieu de **La Haye**
Praha au lieu de **Prague**

... sans compter un certain nombre de villes asiatiques et africaines dont les noms présentent des difficultés de prononciation évidentes!

317. Pup-tent

Le terme anglais *pup-tent* désigne une petite tente qui peut loger une ou deux personnes. Cette tente est trop petite pour qu'on puisse y tenir debout. La plupart des ouvrages s'entendent pour appeler **MINITENTE** ce type d'abri. Certaines minitentes ont une forme ronde et on les appelle **TENTE IGLOO**. En France, on appelle familièrement cette tente **bonnet de police**!

318. Quatre par quatre et tout terrain

Techniquement, on devrait parler de véhicule à quatre roues motrices. Toutefois, dans la langue courante, on peut également dire un **quatre-quatre** (rare) ou un **quatre par quatre**. Quatre-quatre et quatre par quatre sont des termes masculins, car le mot **véhicule** est sous-entendu. On doit donc dire **UN** quatre par quatre. Quant au **véhicule tout terrain**, il s'agit d'un véhicule à quatre roues motrices conçu pour être utilisé sur les routes normales ou les chemins très accidentés.

319. Questionner

Le verbe **questionner** n'a qu'un seul sens : poser des questions. Sous l'influence de l'anglais, certaines personnes utilisent le verbe **questionner** dans le sens de **DOUTER DE, METTRE EN DOUTE** ou **REMETTRE EN QUESTION**. Par exemple, au lieu de dire : certains contribuables « questionnent » l'honnêteté du maire, on dira plutôt : certains contribuables **METTENT EN DOUTE** l'honnêteté du maire. Selon le contexte, on peut également remplacer le verbe « questionner » par **CONTESTER**. Par exemple, au lieu de « questionner » une décision, on **CONTESTE** une décision.

320. Quétaine

Personne ne s'entend sur l'origine de cet adjectif populaire bien de chez nous. Une des hypothèses les plus plausibles est la suivante : il y avait, autrefois, une famille pauvre du nom de Keaton dont les membres avaient la réputation de s'habiller plutôt mal. Quand on voyait quelqu'un dont les vêtements étaient de mauvais goût, on disait de cette personne qu'elle s'habillait comme les Keatons ou « en Keaton ». On pouvait également dire : t'as l'air d'un vrai « Keaton » ! Au fil des ans, le mot **Keaton** a fini par se prononcé **quétaine**. Selon d'autres sources, quétaine viendrait du verbe **quêter**. Les quétaines étaient, au dire de certains, des gens pauvres et mal habillé qui quêtaient. À ce jour, personne n'a encore pu vérifier l'authenticité de ces savoureuses anecdotes !

Le mot **quétaine** ne figure pas encore dans les dictionnaires généraux ! Dans le reste de la francophonie, on utilise l'adjectif **kitch** pour décrire ce qui est démodé et de mauvais goût. On voit également la graphie **kitsch**. Dans la plupart des cas, on utilise le terme **kitch** pour désigner une forme d'esthétisme visant à choquer. Ce mot peut être également synonyme de mauvais goût. Même si le mot **kitch** est parfois utilisé ici, il n'a pas la même saveur que notre bon vieux **quétaine**. Cet adjectif est bien implanté dans notre culture et il serait assez difficile de le proscrire. **Quétaine** doit toutefois être considéré comme un terme familier.

321. Quitter (intransitif)

L'utilisation du verbe **quitter** sans complément d'objet direct est toujours considérée comme fautive. En réalité, il s'agit d'une tournure archaïque. En français moderne, il n'existe qu'un seul cas où le verbe **quitter** peut s'utiliser seul et c'est dans l'expression téléphonique : ne quittez pas ! Dans tous les autres cas, on doit étoffer en ajoutant un complément d'objet direct. On dira, par exemple : ce soir, je vais quitter **LE BUREAU** à 5 h, ou : chaque matin, je quitte **LA MAISON** à 8 h. En bon français, il faut toujours préciser ce qu'on quitte.

Il faut également noter que le verbe anglais *to quit* se traduit par **REMETTRE SA DÉMISSION** ou **QUITTER UNE SOCIÉTÉ**. Donc, si on tient à préciser la raison pour laquelle la personne est partie, au lieu de dire : M. X ne travaille plus avec nous, il a « quitté », on peut dire : M. X ne travaille plus avec nous, il a **REMIS SA DÉMISSION** ou il a **QUITTÉ LA SOCIÉTÉ**. Évidemment, si on ne tient pas à préciser la raison du départ, il suffit de dire : M. X ne travaille plus avec nous.

322. Quiz

Le terme « quiz » est un vieil anglicisme qui aurait dû disparaître il y a longtemps. D'ailleurs, même les anglophones disent plus volontiers *game-show* que *quiz-show* ! En français, les termes consacrés sont **JEU-QUESTIONNAIRE** et **JEU TÉLÉVISÉ** (ou **RADIODIFFUSÉ**, selon le cas). En France, on dit parfois **ÉMISSION-JEU**.

323. Rainettes

La rainette est une petite grenouille qui vit dans les arbres ! Certaines personnes appellent encore « rainettes » les couvre-chaussures pour dame. Dans les années 1950, les « rainettes » étaient des couvre-chaussures bon marché en plastique semi-transparent. *Rainette* était une marque de commerce. De nos jours, il faut parler de **COUVRE-CHAUSSURES** pour dames, tout simplement.

324. Réaliser

L'utilisation du verbe **réaliser** au sens de **se rendre compte de** est maintenant attestée dans tous les dictionnaires. C'était assez inévitable, car en plus d'être un vieux mot français que les anglais nous ont emprunté, le verbe

réaliser a l'avantage de dire en un seul mot ce que **se rendre compte de** dit en quatre mots. Bien sûr, il est toujours correct d'utiliser la locution verbale bien française **se rendre compte de.**

325. Rébarbatif à

On ne peut pas être « rébarbatif à » quelque chose. L'adjectif **rébarbatif** a deux sens en français : repoussant et aride. On dira d'une personne qu'elle est rébarbative ou qu'elle a l'air rébarbatif si elle est peu engageante ou si son apparence est disgracieuse. On peut dire, par exemple : ce clochard est plutôt rébarbatif. On peut également dire d'une matière aride et difficile qu'elle est rébarbative. On dira, par exemple : pour le commun des mortels, la physique nucléaire peut sembler rébarbative. Par ailleurs, au lieu de dire de quelqu'un qu'il est « rébarbatif aux changements », on doit plutôt dire que cette personne A PEUR des changements, qu'elle est RÉFRACTAIRE aux changements ou qu'elle a des RÉTICENCES FACE AUX changements.

326. Recevoir des téléphones

On peut dire qu'on reçoit un téléphone dans la mesure où il est question de l'appareil lui même ! Le téléphone est *l'appareil* qui sert à faire des APPELS TÉLÉPHONIQUES. Généralement, on ne reçoit pas des « téléphones », mais on reçoit des APPELS (TÉLÉPHONIQUES). Si on veut mettre l'accent sur le grand nombre d'appels reçus, on peut également dire qu'on a été INONDÉ D'APPELS ou SUBMERGÉ PAR LES APPELS. On ne peut pas dire non plus qu'on fait un « téléphone ». On fait plutôt un APPEL TÉLÉPHONIQUE ou, en contexte, un APPEL, tout simplement.

Dans la langue familière, on peut également **DONNER UN COUP DE FIL.**

327. Récipiendaire

Un **récipiendaire** est une personne qui est admise dans une société savante (l'Académie française, par exemple). On appelle également récipiendaire un étudiant qui reçoit un diplôme universitaire. Par ailleurs, quand il est question de concours ou de remises de prix, on parle plutôt des **LAURÉATS** ou des **GAGNANTS.**

328. Réduction, rabais, solde, remise, escompte, ristourne

On confond souvent ces six termes, qui ne sont pas tout à fait synonymes. Bien qu'ils désignent tous des diminutions de prix, les nuances qui les distinguent peuvent parfois être importantes en contexte.

Réduction (n. f.)

Ce terme est le plus général des six. Dans la langue commerciale, le mot **réduction** désigne simplement une diminution accordée sur un prix. On peut donc dire : j'ai bénéficié d'une réduction (on peut également dire : j'ai acheté cet article à prix réduit).

Rabais (n. m.)

En français moderne, le mot **rabais** est à peu près synonyme de **réduction**. Il est toutefois intéressant de noter que ce mot peut parfois comporter une certaine connotation péjorative. En effet, il désigne souvent une réduction exceptionnelle attribuable à un défaut de conformité ou de qualité des articles vendus. Généralement, les vêtements qu'on vend au rabais, par exemple, sont démodés ou légèrement endommagés.

Solde (n. m.)

Le terme **solde** désigne la vente de marchandises au rabais ou à prix réduit effectuée le plus souvent en fin de saison pour écouler, par exemple, des articles hors série. Employé au pluriel, le terme **soldes** désigne les articles eux-mêmes vendus au rabais.

Remise (n. f.)

Une **remise** est une réduction dépendant de la catégorie de clientèle ou de l'importance de la vente. Il s'agit donc d'une réduction consentie à un groupe particulier de personnes exclusivement, et à certaines conditions. Par exemple, certains commerces accordent une remise aux étudiants ou aux personnes du troisième âge.

Escompte (n. m.)

Ce terme est généralement réservé au vocabulaire bancaire. Il désigne la réduction du montant d'une dette à terme, lorsqu'elle est payée avant échéance. On dit également **escompte de caisse** pour désigner cette réalité. C'est sous l'influence du mot anglais *discount* que certaines personnes utilisent le mot **escompte** au sens de réduction ou de rabais.

Ristourne (n. f.)

La **ristourne** est une réduction calculée sur l'ensemble des opérations faites avec un même acheteur. Par exemple, une société aérienne peut accorder annuellement à une importante entreprise cliente une ristourne calculée sur l'ensemble des billets achetés par les employés de cette entreprise.

Sources : *Le Grand Robert*, *Le Petit Robert*, *Dictionnaire de la comptabilité et de la gestion financière* (Ménard)

329. REER

Il est assez étonnant qu'on entende encore certaines personnes prononcer « rir » le mot **REER**. Cette prononciation est en quelque sorte un anglicisme, non pas parce que c'est comme ça que les anglophones appellent les régimes enregistrés d'épargne-retraite (ils disent plutôt *RRSP*), mais bien parce qu'en français, les doubles **E** ne se prononcent pas **I**, comme c'est le cas en anglais. Radio-Canada recommande la prononciation **RÉ-ÈR**. La prononciation **rèr** est aussi acceptable, mais beaucoup moins courante. Pour ce qui est de l'écriture du mot **REER**, on ne met pas de points entre les lettres ni d'accents sur les E. D'ailleurs, en français moderne, il est recommandé de ne jamais utiliser les accents dans les sigles et les acronymes. Toutefois, dans tous les autres mots, il est *obligatoire* de mettre les accents sur les majuscules.

330. Remake

L'anglicisme « remake » tend à s'implanter dans le milieu du cinéma un peu partout dans la francophonie. Il faut préciser que, même en anglais, le terme *remake* n'est pas tout à fait juste puisque le film lui-même n'est pas vraiment refait. En fait, il s'agit d'un film qui reproduit, avec de nouveaux acteurs, la première version d'un film à succès. Il est donc plus exact de parler de la **NOUVELLE VERSION** d'un film. Donc, au lieu de parler d'un « remake » de *Cléopâtre*, on devrait plutôt parler d'une **NOUVELLE VERSION** de *Cléopâtre*. On peut également parler de la nouvelle version d'une pièce ou, plus rarement, d'une œuvre littéraire.

331. Retour à l'école

L'expression « retour à l'école » est une traduction littérale de l'anglais *back-to-school*. En français, on parle plutôt de la **RENTRÉE DES CLASSES**, de la **RENTRÉE SCOLAIRE** ou de la **RENTRÉE**, tout simplement. Depuis quelques années, on utilise également le mot **rentrée** pour désigner la reprise des activités en général.

332. Retour d'impôt

La remise par le gouvernement de l'impôt payé en trop par le contribuable ne s'appelle pas « retour », mais bien **REMBOURSEMENT**. Le remboursement désigne également la somme remboursée. Donc, au lieu de demander à quelqu'un : avez-vous reçu votre « retour d'impôt » ?, il faut plutôt demander : avez-vous reçu votre **REMBOURSEMENT** ? ou avez-vous eu droit à un **REMBOURSEMENT** ?

333. Retourner un appel

L'expression « retourner un appel » est le calque de l'anglais *to return a call*. En français, on doit **RAPPELER** quelqu'un. Au lieu de dire : si je ne suis pas là, laissez un message et je « retournerai » votre appel, il faut dire : si je ne suis pas là, laissez un message et je **VOUS RAPPELLERAI**.

334. Revue et magazine

Il existe une petite nuance entre ces deux termes. Un **MAGAZINE** est une publication périodique, généralement illustrée et la plupart du temps liée à l'actualité. C'est une publication qui s'adresse à un *public non spécialisé*. *Paris Match*, *L'Actualité* et *Time* sont des magazines. Les publications généralistes un peu plus légères comme *Le Lundi* ou *People's Magazine*, par exemple, sont aussi considérées comme des magazines. La **REVUE** est également une publication périodique, illustrée ou non, mais qui s'adresse à un *public spécialisé*. Dès que la matière traitée dans la publication est spécialisée, on peut parler de revue : revue médicale, revue littéraire, revue de photographie, revue de chasse et de pêche, revue de mode, etc.

335. Rire une blague

Le verbe **rire** est intransitif, c'est-à-dire qu'il ne peut pas être accompagné d'un complément d'objet direct. Autrement dit, on peut rire **DE** quelqu'un ou **DE** quelque chose, mais on ne peut pas « rire quelque chose ». Donc, au lieu de dire : cette blague, je l'ai tellement « rie », il faut dire : cette blague m'a tellement fait rire.

336. Risquer (sens fautif)

L'utilisation du verbe **risquer** pour parler d'éventualités positives est de plus en plus courante. Elle est même attestée dans quelques dictionnaires. Toutefois, cette utilisation est considérée comme très familière. Dans la langue soutenue, à moins de ne vouloir être sarcastique, on n'emploie le verbe **risquer** qu'en parlant de choses négatives. Par exemple, on risque de se blesser, on risque d'être déçu, on risque d'arriver en retard, etc., mais on ne « risque » pas d'avoir du succès, on ne « risque » pas de s'amuser et, il ne « risque » pas de faire beau. Pour parler d'éventualités positives, on peut utiliser le mot **CHANCE**. Par exemple, on peut dire : cette nouvelle émission a des **CHANCES** de connaître un grand succès. On pourrait également dire : cette nouvelle émission devrait connaître un grand succès ou cette nouvelle émission connaîtra peut-être un grand succès. De même, au lieu de dire : il « risque » de faire beau, on peut dire : il fera probablement beau, on devrait avoir du beau temps, ou il y a de bonnes chances qu'il fasse beau.

337. Rive d'une ville

On ne peut pas dire, par exemple, que la Montérégie est sur la « rive sud de Montréal ». La raison est très simple : Montréal est une ville et les villes n'ont pas de rives ! La Montérégie n'est pas plus sur la « rive sud de Montréal » que Bécancour est sur la « rive sud de Trois-Rivières » ou que Lévis est sur la « rive sud de Québec ». On peut dire que la Montérégie, Lévis et Bécancour sont sur la **RIVE SUD DU SAINT-LAURENT**. En contexte, on peut également dire que ces villes ou ces régions sont sur la **RIVE SUD**, sans préciser qu'il s'agit de la rive sud du Saint-Laurent.

338. Robineux

Les mots « robineux » et « robine » sont des anglicismes. L'origine de ces termes est bien connue. Certains clochards en manque d'alcool consommaient de l'alcool à 90°, communément appelé alcool à friction. Comme autrefois les étiquettes étaient souvent rédigées exclusivement en anglais, les gens appelaient ce genre d'alcool de la robine (de l'anglais *rubbing alcohol*). On a donc appelé « robineux » les gens qui buvaient de la « robine ». En France, on désigne sous le nom de **bibine** les alcools de mauvaise qualité. Toutefois, ce mot n'a rien à voir avec notre « robine » et viendrait plutôt du mot **biberon** !

339. Roder et rôder (prononciation)

Les verbes **roder** et **rôder** n'ont pas le même sens et se prononcent différemment. **Rôder** signifie errer avec des intentions suspectes. Par exemple, on peut dire : il y a un cambrioleur qui rôde dans le quartier. Lorsqu'il y a un accent circonflexe sur le o, le o est fermé. Le verbe **rôder** rime avec le verbe **frauder**. Lorsqu'il n'y a pas d'accent circonflexe sur le o, le o est ouvert. Donc, **roder** rime avec **broder**. Le verbe **roder** s'utilise fréquemment dans le vocabulaire de l'automobile : on rode une voiture et on rode un moteur (**roder** signifie faire fonctionner un appareil pour en contrôler l'usure des pièces). Au sens figuré, on peut aussi roder un spectacle. En ce sens, **roder** est synonyme de mettre au point.

340. Rollerblades

Roller Blades est une marque de commerce. Techniquement, ces patins s'appellent **patins à roulettes alignées.** C'est d'ailleurs le terme le plus utilisé actuellement pour désigner ce type de patins. **Patins à roulettes centrales** et **patins à roulettes médianes** sont moins courantes, mais acceptables. Évidemment, tous ces termes sont un peu longs. Il est important de noter que les patins à roulettes alignées sont pratiquement devenus la norme et qu'ils ont plus ou moins supplanté les anciens patins à roulettes parallèles. On peut donc désigner ces patins sous l'appellation PATINS À ROULETTES, sans préciser le type de roulettes.

341. Sabler ou sabrer le champagne ?

Les deux expressions sont correctes, mais elles décrivent deux réalités distinctes. **Sabler le champagne** signifie boire du champagne dans le contexte d'un événement heureux. Le verbe **sabler** signifiait, autrefois, boire d'un seul trait, faire cul sec. On faisait allusion, semble-t-il, au métal en fusion qu'on jetait rapidement dans un moule de sable. À l'origine, on pouvait sabler n'importe quel alcool, mais aujourd'hui, le terme est strictement réservé au champagne et il est synonyme de **déguster** (plus question de boire d'un seul trait!) Quant à l'expression **sabrer le champagne**, il s'agit d'une réalité très différente et beaucoup plus dangereuse! Quand on sabre le champagne, on casse le goulot de la bouteille avec un sabre. C'est une pratique peu courante de nos jours. On y a parfois recours dans les grands événements, en raison de son aspect très spectaculaire.

342. **Sans** (suivi d'un singulier ou d'un pluriel)

On se demande souvent si les mots précédés de la préposition **sans** doivent prendre la marque du singulier ou du pluriel. Dans la grande majorité des cas, c'est une simple question de logique! Prenons par exemple la phrase suivante: elle est sortie sans chapeau et sans gants. **Chapeau** est au singulier parce que si elle avait porté un chapeau, elle n'en aurait porté qu'un seul (du moins, on peut le supposer!) Par contre, on mettra le mot **gant** au pluriel parce que si elle avait porté des gants, elle en aurait porté deux et non un seul. Toutefois, il faut faire attention aux expressions figées construites avec la préposition **sans**. Dans beaucoup d'expressions, les termes précédés de **sans** sont au singulier: sans cesse, sans doute, sans égal, sans pareil, sans borne, sans crainte, sans défense, sans exception, sans raison, sans regret, etc. Comme il n'existe aucune règle pour déterminer si le mot suivant la préposition **sans** dans une expression est singulier ou pluriel, il est toujours préférable de consulter le dictionnaire en cas de doute.

343. Sauver du temps et de l'argent

Le verbe **sauver** utilisé dans le sens du verbe anglais *to save* est probablement l'un des anglicismes les plus répandus chez nous. C'est aussi l'un des plus difficiles à déraciner. La règle est pourtant très simple. En français, on sauve ce qui est en péril. Par exemple, on peut sauver quelqu'un de la noyade. Pour ce qui est de l'argent, on l'**ÉCONOMISE** ou on l'**ÉPARGNE**. Par exemple, on peut dire : si vous achetez vos vêtements d'hiver au printemps, vous **ÉPARGNEREZ** de l'argent. Aussi, au lieu de dire : achète tes légumes à tel endroit, tu vas « sauver », on peut dire : achète tes légumes à tel endroit, tu vas **ÉCONOMISER**. De même, au lieu de « sauver » du temps, on **GAGNE** du temps. Par ailleurs, l'expression **sauver les meubles** est bien française ! Elle signifie préserver l'essentiel en cas de désastre.

344. Scalpeur

On appelle **TRAFIQUEURS DE BILLETS** (et non « scalpeurs ») les personnes qui se tiennent à proximité des salles de spectacle pour y vendre à gros prix des billets à ceux qui n'ont pas eu le temps de s'en procurer aux guichets officiels. Lorsqu'on achète des billets aux trafiqueurs, on achète des billets **AU MARCHÉ NOIR**.

345. Se casser la nénette

L'expression populaire **se casser la nénette**, qui signifie se casser la tête, se faire du souci, est une expression correcte, mais qui doit être réservée à la langue familière.

Nénette est le diminutif du mot **comprenette**, qui désigne, toujours dans la langue familière, la faculté de comprendre. Autrement dit, la nénette, c'est la tête. On peut également dire : **NE T'EN FAIS PAS, NE TE FATIGUE PAS** OU **NE TE CASSE PAS LA TÊTE**.

346. Se mériter

On ne peut pas « se mériter » quelque chose. **Mériter** signifie être digne de récompense ou passible de châtiment. On peut donc mériter une récompense ou une punition. Dans le contexte d'une remise de prix, on **REMPORTE** ou on **OBTIENT** un prix. Dans le contexte d'un concours, on **GAGNE** un prix, tout simplement.

347. Se pratiquer

« Se pratiquer » est un barbarisme encore très répandu. La règle est pourtant très simple : un musicien **RÉPÈTE**, un athlète **S'ENTRAÎNE** et le reste du monde **S'EXERCE** ! On peut pratiquer une discipline, mais une personne ne peut pas « se » pratiquer. Par exemple, au lieu de dire : ma petite fille écrit bien, elle « se pratique » tous les jours, on doit dire : ma petite fille écrit bien, elle **S'EXERCE** tous les jours. Aussi, on peut dire qu'un joueur de hockey **S'ENTRAÎNE** tous les matins et qu'un pianiste **RÉPÈTE** tous les soirs. Enfin, au lieu d'aller à une « pratique », on va à une **SÉANCE D'ENTRAÎNEMENT** ou **D'EXERCICE**, si on est sportif, ou à une **RÉPÉTITION**, si on est artiste.

348. Séance d'information

Une **SÉANCE D'INFORMATION** est simplement une réunion où on communique aux journalistes les renseignements nécessaires à la juste interprétation d'un événement ou d'une décision politique. La séance d'information se distingue de la conférence de presse de deux façons. Premièrement, une séance d'information n'a pas vraiment de caractère officiel, contrairement à la conférence de presse. Deuxièmement, on n'organise pas une séance d'information dans le but d'annoncer une nouvelle à proprement parler.

349. Seau et chaudière, chaudière et fournaise

Le seau est le récipient avec une anse qui sert à transporter des liquides ou d'autres matières. C'est ce que nos ancêtres appelaient un « siaux » d'où l'expression « pleuvoir à siaux ». L'expression **pleuvoir à seaux** existe, mais n'est pas très courante. On dit plutôt **pleuvoir à verse** ou **pleuvoir à torrent**. Il ne faut pas confondre le seau et la chaudière. En français moderne, la **chaudière** est un système de chauffage. C'est ce qu'on appelle, à tort, la « fournaise ». La chaudière était, à l'origine, un grand chaudron de métal qui servait à faire bouillir de l'eau. C'est peut-être de là que vient la confusion entre le seau et la chaudière. Quant à **fournaise**, il s'agit d'un terme archaïque désignant une sorte de four extrêmement chaud. De nos jours, ce terme n'est employé qu'au figuré, pour désigner un endroit très chaud. On peut dire, par exemple : en été, mon appartement est une véritable fournaise ! On utilise « fournaise » au sens de chaudière sous l'influence de l'anglais *furnace*. Pour chauffer une maison, on utilise plutôt une **chaudière** ou un **appareil de chauffage**.

350. Sentir bonne

Quand on veut dire à une femme qu'on aime le parfum qu'elle porte, on lui dira qu'elle sent **BON** et non qu'elle sent « bonne ». En effet, **bon** est utilisé comme adverbe et non comme adjectif, dans cette phrase. Les adjectifs **haut**, **bas**, **dur**, **fort** et **bon** sont les plus souvent utilisés adverbialement. Il ne nous viendrait jamais à l'idée de dire : elle parle « forte », l'hirondelle vole « basse », elle pense « toute haute » et elle travaille « dure » !

351. Show et spectacle

Le mot anglais *show* figure dans la plupart des dictionnaires modernes. Toutefois, on spécifie clairement qu'il s'agit d'un anglicisme (un anglicisme tout à fait inutile, d'ailleurs, puisque le mot bien français **SPECTACLE** fait toujours l'affaire). Le mot « show » est particulièrement répandu dans le domaine de la musique rock. On entend parfois des critiques de spectacle dire qu'ils ont vu le « show » d'un groupe rock, par exemple. Par contre, ces mêmes critiques diront qu'ils ont vu le **SPECTACLE** d'une danseuse ou d'un monologuiste ! Dans le domaine de la musique populaire, le terme « show » est très à la mode, mais heureusement, il n'a pas encore réussi à éliminer complètement le mot **spectacle** !

352. Siège et poignées de vélo

Le siège d'un vélo s'appelle **SELLE** et non « siège » (peut-être parce que le cycliste a les jambes de chaque côté du vélo, comme un écuyer sur son cheval). Par ailleurs, le tube de métal qui fait tourner la roue avant d'un vélo s'appelle **GUIDON** et non « poignée ». Les poignées sont les embouts de plastique ou de caoutchouc aux extrémités du guidon. Les manettes qui actionnent les freins sont également des **poignées**.

353. Ski nautique ou ski aquatique

Il faut parler de **SKI NAUTIQUE** et non de « ski aquatique ». La règle est très simple : l'adjectif **aquatique** ne s'utilise que pour parler des plantes et des animaux qui vivent dans l'eau ou près de l'eau. Quant à l'adjectif **nautique**, on l'utilise plutôt pour désigner tout ce qui se rapporte à la navigation de plaisance et, par extension, aux sports qu'on pratique dans l'eau. L'utilisation de l'adjectif **aquatique** au sens de nautique est contestée et de moins en moins courante.

354. Slotche

« Slotche » est une déformation du mot anglais *slush*. Il existe deux équivalents pour remplacer cet anglicisme. Quand il s'agit simplement de neige imbibée d'eau, on peut parler de **neige mouillée** ou de **neige fondante**. Par exemple, la belle neige propre qui devient presque transparente par les journées ensoleillées, c'est de la neige fondante. Par ailleurs, la neige fondante *sale* qu'on retrouve dans les rues l'hiver s'appelle **NÉVASSE**. Pour qu'on puisse parler de névasse, il faut qu'on soit en présence de neige fondante souillée par les saletés et le sel. On n'a qu'à se souvenir que névasse rime avec dégueulasse ! Il ne faut pas confondre la névasse et la gadoue. La gadoue est en réalité de la boue ou de la terre détrempée. Il n'y a pas vraiment de neige dans la gadoue.

355. Sophistiqué

En français correct, **sophistiqué** signifie affecté, artificiel, compliqué. En réalité, l'adjectif **sophistiqué** doit être associé à la prétention et au manque de simplicité plutôt qu'au raffinement et à la classe. Par exemple, on dira d'une vedette de cinéma un peu snob dont l'apparence est excessivement recherchée qu'elle est sophistiquée. Lorsqu'une personne a beaucoup de classe, on dira d'elle qu'elle est **RAFFINÉE** et non « sophistiquée ». L'utilisation de « sophistiqué » dans le sens de **raffiné** est encore critiquée, même si elle est attestée dans certains dictionnaires.

Dans le domaine de la haute technologie, on entend très souvent l'adjectif **sophistiqué** utilisé dans le même sens de son petit cousin anglais *sophisticated*. Toutefois, même si elle est attestée dans la plupart des dictionnaires, cette nouvelle acception de l'adjectif **sophistiqué** est toujours considérée comme un anglicisme. Au lieu de parler d'un appareil « sophistiqué », on doit plutôt parler d'un appareil **ÉVOLUÉ**, d'un appareil **COMPLEXE** ou, mieux encore, d'un appareil **DE HAUTE TECHNOLOGIE**.

356. Souffleuse et chasse-neige

Les deux termes sont corrects, mais désignent des véhicules différents. Le **chasse-neige** est le véhicule muni d'une grosse lame qui sert à *pousser* la neige dans les rues et sur les routes. Il faut éviter d'utiliser les termes « charrue » et « gratte » dans ce cas. La charrue sert à labourer la terre et la gratte sert à sarcler les jardins. Le terme **souffleuse** est un canadianisme de bon aloi et nous n'avons aucune raison de ne pas l'utiliser. Comme son nom le suggère, la **souffleuse** *souffle ou propulse* la neige au lieu de la pousser. Les lames en forme de vis sans fin qui s'enfoncent dans la neige s'appellent **fraiseuse**. C'est pourquoi dans l'ensemble de la francophonie (du moins dans les pays francophones où il y a de la neige), on utilise les termes **fraiseuse à neige** et **chasse-neige à fraiseuse**.

357. Standing ovation

Malgré qu'on l'entende très fréquemment dans le milieu artistique, l'expression « standing ovation » est toujours considérée comme un anglicisme. En français, on peut parler d'**OVATION**, tout simplement. Une ovation est une acclamation publique caractérisée par des manifestations bruyantes d'approbation. Autrefois, on réservait les ovations aux politiciens et aux personnes qui parlaient en public. De nos jours, l'ovation sert également à féliciter un artiste qui vient de donner une prestation exceptionnelle sur scène. Pour ce qui est de l'« ovation debout », par contre, les avis sont partagés. « Ovation debout » n'est pas vraiment une expression fautive. Disons simplement que le mot **ovation** est déjà suffisamment fort. En général, les gens se lèvent spontanément lorsqu'ils acclament quelqu'un avec enthousiasme. L'expression « ovation debout » est donc un peu redondante. Le verbe **ovationner** est également correct. On peut dire, par exemple, que le public a ovationné un artiste.

Le mot **ovation** vient du latin *ovatio-ovationis* qui lui-même est dérivé du mot *ovis* (brebis). Dans l'Antiquité romaine, l'ovation était une cérémonie en l'honneur d'un général victorieux, à l'occasion de laquelle on sacrifiait une brebis.

Source : *Le Petit Robert.*

358. Stock et inventaire

En français, l'**inventaire** est le dénombrement des marchandises d'un magasin ou d'un entrepôt. On peut faire l'inventaire, dresser l'inventaire ou procéder à l'inventaire d'un magasin, par exemple. L'inventaire est aussi la liste ou le relevé détaillé des marchandises d'une entreprise. Par ailleurs, les marchandises qu'un magasin a en réserve constituent les **STOCKS** de ce magasin. On dira donc : j'ai cet article en stock (et non en « inventaire »). Si on préfère, on peut également dire : j'ai cet article en magasin. Le nom **stock** et le verbe **stocker** viennent de l'anglais. Toutefois, ces termes sont entrés dans la langue française il y a plus d'un siècle et il ne faut pas avoir peur de les utiliser !

359. Stunt publicitaire

Il existe plusieurs équivalents français pour remplacer l'anglicisme « stunt publicitaire » : **RUSE, TRUC** ou **ASTUCE PUBLICITAIRE, COUP DE PUBLICITÉ**, etc.

360. Suites d'une maladie

Les **suites** d'une maladie sont les séquelles d'une maladie, c'est-à-dire les complications qui durent une fois que l'affection est *guérie*. Par exemple, la surdité peut être une des suites (ou des séquelles) de l'otite. Techniquement, on ne meurt pas des suites d'une maladie, mais on meurt de la maladie elle-même. Donc, au lieu de dire : il est mort « des suites » d'une longue maladie, on doit dire : il est **MORT APRÈS UNE LONGUE MALADIE** ou **AU TERME D'UNE LONGUE MALADIE**.

361. Sur la rue, sur le boulevard, sur l'avenue

La préposition **sur** n'est *jamais* utilisée avec le mot **rue**. On omet la préposition lorsqu'on précise le nom de la rue. On dira, par exemple : il habite rue Bleury. Par ailleurs, lorsqu'on ne précise pas le nom de la rue, on utilise la préposition **DANS**. Par exemple, on marche, on court, on joue **DANS** la rue et non « sur » la rue. Cette règle ne s'applique pas au mot **boulevard**. En effet, on dira : les voitures passent **SUR** le boulevard. Enfin, devant le mot **avenue**, les deux prépositions sont possibles. On peut donc dire : les voitures passent **DANS** ou **SUR** l'avenue. Décidément, le français est une langue capricieuse !

362. Taille-crayon, aiguisoir, etc.

Il faut éviter les termes « affile-crayon », « aiguise-crayon » et « aiguisoir ». On affile ou on aiguise quelque chose qu'on veut rendre coupant. Par exemple, l'aiguisoir sert à aiguiser les couteaux. Pour tailler les crayons, on doit utiliser un TAILLE-CRAYON(S).

363. Talk-show

Le mot **talk-show** est maintenant attesté dans la plupart des dictionnaires. Il faut noter, toutefois, que le terme anglais *talk-show* a deux équivalents en français : TALK-SHOW et **ÉMISSION-DÉBAT**. Les émissions où les invités et le public en studio discutent de sujets tantôt sérieux, tantôt fantaisistes ne s'appellent pas « talk-shows » en français, mais bien **ÉMISSIONS-DÉBATS**. Par ailleurs, le **TALK-SHOW** est une émission de divertissement comprenant des interviews et des numéros de variétés. Ce sont généralement des émissions légères, faites avec humour. Le grand classique *Appelez-moi Lise* était un authentique talk-show. La confusion entre les termes **talk-show** et **émission-débat** vient du fait que les Américains appellent *talk-show* ces deux types d'émissions. On a déjà proposé toutes sortes d'équivalents pour remplacer le terme anglais *talk-show* (interview-variétés, babillogramme, télécauserie, etc.), mais aucun n'a été retenu.

364. Taon (prononciation)

Le taon, cette grosse mouche qui pique certains grands animaux et, malheureusement, les humains, se prononce TAN et non « ton ». Autrement dit, taon rime avec temps et non avec thon. Il faut retenir que **taon** se prononce comme certains autres mots qui se terminent par les lettres **aon**, notamment paon et faon. Dans certaines régions, on appelle le taon **frappe-à-bord** ou **mouche à chevreuil**.

365. Tapis, moquette, carpette, etc.

Tapis est un terme générique. Un tapis est une pièce d'étoffe qui sert à recouvrir le sol. La **moquette** est une sorte de tapis. En général, on appelle moquette un tapis cloué qui recouvre toute la surface d'une pièce. Le terme « tapis mur à mur » est un calque de l'anglais *wall to wall carpet*. On appelle également moquette les tapis d'automobile. Le terme **carpette** nous vient du latin, en passant par l'anglais, mais il ne s'agit pas d'un anglicisme à proprement parler. En anglais, le mot *carpet* est un terme générique désignant tous les types de tapis. En français, la carpette est un petit tapis. Par exemple, la descente de lit est une carpette qu'on met au pied du lit et la descente de bain est une carpette qu'on met au pied de la baignoire. Enfin, le tapis qui recouvre les marches d'un escalier s'appelle **chemin d'escalier**. De même, on appelait **chemin de table** la bande de tissu décorative qu'on mettait autrefois sur les tables.

366. Tapisserie et papier peint

La tapisserie est un ouvrage fait à l'aiguille sur un canevas. C'est une œuvre d'art au même titre qu'un tableau. Par ailleurs, le papier décoratif utilisé comme revêtement mural intérieur s'appelle **PAPIER TENTURE** ou **PAPIER PEINT**. Les deux termes sont parfaitement synonymes, mais l'Office de la langue française semble privilégier **PAPIER TENTURE**. Le terme **tapisserie** est considéré comme un archaïsme au sens de papier tenture.

367. Tatou et tatouage

Le tatou est un petit mammifère qui vit dans les régions tropicales d'Amérique du Sud. Par ailleurs, les dessins imprimés en permanence sur la peau sont des **TATOUAGES**. Utilisé en ce sens, le terme « tatou » est un calque de l'anglais *tattoo*.

368. Taxage

On ne trouve pas encore le mot **taxage** dans les dictionnaires, mais on retrouve, par contre, le verbe **taxer**. Dans la langue familière, **taxer** signifie voler, piquer, extorquer de force. Le taxage est en quelque sorte un vol par intimidation. Par exemple, on peut dire qu'un élève a taxé la veste de cuir d'un de ses camarades de classe à la pointe du couteau. Comme le verbe **taxer** est attesté, il n'y a pas vraiment de raisons de ne pas accepter le substantif **taxage**. Pour l'instant, les mots **taxer** et **taxage** sont considérés comme des termes familiers. **Taxer** est du même niveau de langue que **piquer** et **chiper**. Par exemple, un jeune peut dire : je me suis fait taxer mes baskets. Dans un article de journal, par contre, on utilisera plutôt le verbe **voler** pour relater le même incident.

369. Technicalité

Le mot « technicalité » n'existe pas en français. Selon le contexte, on peut parler de **DÉTAILS TECHNIQUES** ou, au figuré, de **SUBTILITÉS**. Par exemple, on peut dire : je vais vous épargner les **DÉTAILS TECHNIQUES**, je ne connais pas très bien les **SUBTILITÉS** de la langue, etc.

370. Téléphoner quelqu'un

Le verbe **téléphoner** s'utilise avec un complément d'objet indirect. On appelle quelqu'un, mais on téléphone **À** quelqu'un, comme on parle **À** quelqu'un. Par contre, on peut téléphoner quelque chose **À** quelqu'un. Par exemple, on peut téléphoner des nouvelles. Au lieu de dire : téléphonez-moi pour me donner les résultats dès que vous les aurez, on pourrait très bien dire : téléphonez-moi les résultats dès que vous les aurez.

371. Temps et température

La température est l'expression du degré de chaleur ou de froid de l'atmosphère. On peut dire, par exemple : on prévoit une hausse de température (c'est-à-dire qu'il fera plus chaud). Par ailleurs, quand on parle des conditions atmosphériques en général (journée ensoleillée ou nuageuse, pluie, neige, vent, etc.), on parle du **TEMPS** et non de la « température ». D'ailleurs, on dit souvent qu'il fait un temps de chien et non une « température » de chien !

372. Tente-caravane

La petite remorque de camping dont les parois de toile se replient pour le transport s'appelle **TENTE-CARAVANE** et non « tente-roulotte ». Le terme **TENTE-REMORQUE** est également accepté. Évidemment, « trailer-tente » est un anglicisme à éviter.

373. Tirer son épingle du jeu

Si vous demandez à quelqu'un ce que signifie l'expression **tirer son épingle du jeu**, il est probable qu'on vous réponde : bien se tirer d'affaire, bien se débrouiller, faire belle figure, etc. On a tendance à associer cette expression à la notion de réussite dans une situation difficile. En réalité, **tirer son épingle du jeu** a un sens assez différent. Quand on tire son épingle du jeu, on se retire à temps d'une situation qui devient mauvaise, on se dégage adroitement d'une situation délicate.

374. Tourtière et pâté à la viande

Dans le reste de la francophonie, une **tourtière** est un moule pour cuire les tartes et les tourtes. Chez nous, la **tourtière** est une tourte à la viande (une tourte est une tarte salée à la viande ou au poisson). Le terme **tourtière** est attesté comme un canadianisme de bon aloi en ce sens. Au Saguenay et au Lac-Saint-Jean, on appelle cette tourtière **pâté à la viande** pour la différencier d'un mets typique de cette région qu'on appelle également **tourtière**. En général, cette tourtière bien particulière est traditionnellement préparée avec du lièvre et de nombreuses autres viandes. On fait cuire la tourtière dans une lèchefrite et non dans un plat à tarte. Pour éviter la confusion, l'Office de la langue française recommande d'appeler ce mets **tourtière saguenéenne** ou **tourtière du Lac-Saint-Jean**.

375. Traction aids

On ne peut pas vraiment traduire *Traction aids* puisqu'il s'agit d'une marque de commerce. L'Office de la langue française suggère les termes **PISTES ANTIDÉRAPANTES, BANDES ANTIDÉRAPANTES** ou **CHENILLES ANTIDÉRAPANTES.** Il existe aussi un terme moins courant, mais tout à fait bien choisi, en l'occurrence **chenilles-caillebotis.** Les caillebotis sont des treillis ou des assemblages de lattes pour permettre la marche sur un terrain boueux ou glissant.

376. Trait d'union

La langue française utilise de moins en moins le trait d'union dans les mots nouveaux. Quant aux mots déjà intégrés dans la langue, il n'existe vraiment pas de règle. Certains termes peuvent être apposés à d'autres sans trait d'union. Le mot **cible** est l'un de ceux qui ne se joignent pas par un trait d'union aux mots auxquels ils sont apposés. Par exemple, on écrira public cible, groupe cible et clientèle cible. Le mot **cible** prend la marque du pluriel quand le mot auquel il est apposé est pluriel. La même règle s'applique à **clé**, **témoin** et **type**. On écrira étape clé, élément clé, groupe témoin, lampe témoin, formule type et contrat type. Quant aux termes composés avec le mot **pilote**, on peut mettre ou ne pas mettre le trait d'union. Par exemple, on écrira projet(-)pilote ou groupe(-)pilote, avec ou sans trait d'union.

Dans le cas des mots commençant par **non**, la règle est simple. En français moderne, quand il s'agit d'un substantif (c'est-à-dire d'un nom), on met le trait d'union : une non-conformiste, un non-fumeur, la non-appartenance, etc. Par contre, quand il s'agit d'un adjectif, on ne met pas le trait d'union : un homme non violent, une attitude non interventionniste, une quantité non négligeable, etc.

377. Trench

Le mot *trench-coat* et son diminutif *trench* étaient déjà utilisés en France dans les années 1920. Le trench (ou trench-coat) est un imperméable à ceinture. Ce type d'imperméable a une allure militaire (d'ailleurs, *trench* signifie tranchée, en anglais). De nos jours, on considère les mots *trench* et *trench-coat* comme vieillis. En français moderne, il est préférable de parler d'**IMPERMÉABLE**. Dans la langue familière, on peut également utiliser l'abréviation populaire **IMPER**.

378. Trente sous

Pourquoi utilise-t-on parfois le terme « trente sous » pour désigner la pièce de monnaie qui vaut vingt-cinq cents ? L'origine de ce terme est très obscure. On dit qu'autrefois, il existait une pièce de monnaie valant 30 fois l'unité minimale et que cette pièce avait à peu près la dimension de notre actuelle pièce de vingt-cinq cent. Faut-il y croire ? Quoi qu'il en soit, il est aussi incorrect de dire « un vingt-cinq cent » que de dire « un trente sous ». Il faut dire **UNE PIÈCE DE VINGT-CINQ CENTS** !

379. Tuque

Tuque est un canadianisme de bon aloi. On croit que ce mot vient de toque, qui désigne lui aussi une sorte de chapeau. Nous pouvons donc continuer de porter nos tuques, mais il est bon de savoir que dans le reste de la francophonie, on utilise plutôt le terme **bonnet de laine** pour désigner ce type de couvre-chef.

380. Un gros 30 minutes

Il faut éviter l'utilisation de termes au singulier comme **un bon, un autre, un gros**, etc., devant des termes au pluriel. En outre, l'adjectif **gros** est mal choisi puisqu'il est assez difficile de juger de la grosseur d'une minute! Il faut dire, par exemple: à cause des travaux, il faut compter 30 BONNES MINUTES, AU MOINS 30 MINUTES ou UNE BONNE DEMI-HEURE d'attente avant de traverser le pont.

381. Une couple de

La locution **une couple de** est à la fois un anglicisme et un archaïsme. Il est probable que certaines personnes disent encore **une couple de** sous l'influence de la locution anglaise *a couple of*, qui est correcte en anglais. Autrefois, le mot **couple**, utilisé au féminin, désignait deux choses de même nature. Par exemple, on pouvait dire: je me suis acheté une couple de chemises, c'est-à-dire DEUX chemises. **Une couple** pouvait aussi vouloir dire deux ou trois, ou environ deux. On disait, par exemple: j'aimerais passer une couple de jours à la campagne. En français moderne, on dira plutôt: j'aimerais passer DEUX OU TROIS JOURS à la campagne ou j'aimerais passer QUELQUES JOURS à la campagne.

382. Utilisation de la préposition sur

Il arrive qu'on donne à une préposition un sens qu'elle n'a pas. C'est le cas de la préposition SUR, qu'on utilise un peu à toutes les sauces. Voici les principaux sens de SUR :

en haut de : sur la colline, sur le toit
en surface : sur le bout de la langue, sur l'eau
au sujet de : un livre sur la guerre, la loi sur la radiodiffusion
d'après : juger sur les apparences
par rapport : cinq personnes sur dix
immédiatement après : pris sur le fait
après : fumer cigarette sur cigarette
vers le moment de : sur le départ, sur le déclin

C'est souvent sous l'influence de l'anglais qu'on utilise **SUR** dans des locutions qui devraient normalement se construire avec d'autres prépositions.

FORME FAUTIVE	FORME CORRECTE
Je l'ai rencontré *sur* l'avion.	Je l'ai rencontré **DANS** l'avion.
Les autochtones qui vivent *sur*. les réserves.	Les autochtones qui vivent **DANS** les réserves.
Elle siège *sur* un comité.	Elle siège **À** un comité.
Il s'amuse *sur* les heures de travail.	Il s'amuse **PENDANT** les heures de travail.
J'ai accroché un tableau *sur* le mur.	J'ai accroché un tableau **AU** mur.
Elle habite *sur* la rue Jeanne-Mance.	Elle habite rue Jeanne-Mance (mais on dira : les enfants jouent **DANS** la rue).
Il y a beaucoup de violence *sur* le piquet de grève.	Il y a beaucoup de violence **AU** piquet de grève.

383. Vacances (nombre)

Le mot **vacance** peut être utilisé au singulier. Toutefois, une vacance, c'est l'état d'un poste vacant ou d'une fonction non occupée. Par exemple, si on dit qu'il y a une vacance à la haute direction, on veut dire qu'il y a un poste vacant, un poste à combler à la haute direction. Par ailleurs, pour désigner un congé ou une période annuelle d'arrêt de travail, le mot **vacances** est toujours pluriel. Donc, au lieu de dire qu'on a passé « une belle vacance », on doit dire qu'on a passé **DE BELLES VACANCES**.

384. Velcro

Le terme **velcro** est attesté en français et la raison est bien simple : c'est un francophone qui l'a inventé ! Velcro est un mot-valise formé des mots **VEL**ours et **CRO**chet. L'anecdote qui entoure l'origine du mot est assez cocasse. L'inventeur a eu l'idée de créer ce pratique matériau en revenant d'une promenade en forêt avec son chien. Il s'est aperçu que les chardons s'agrippaient aux poils de son chien grâce à de petits crochets et il a appliqué le même principe au tissu. Le mot **Velcro** était à l'origine une marque de commerce, mais il figure maintenant dans la plupart des dictionnaires.

385. Vente de garage

Le terme « vente de garage » n'existe pas dans le reste de la francophonie. D'ailleurs, à moins de n'avoir un garage à vendre, on ne peut pas parler de « vente de garage » ! Évidemment, on devine facilement que « vente de garage » est un calque de l'anglais *garage sale*. L'activité qui consiste à vendre à bas prix des vêtements ou des objets usagés s'appelle **BRADERIE**. Le mot **braderie** vient du verbe **brader** qui signifie se débarrasser d'un bien à n'importe quel prix. Par exemple, un étudiant peut brader son vélo parce qu'il a besoin d'argent pour payer ses études. Pour ceux qui n'aimeraient pas le mot **braderie**, les termes **VENTE-DÉBARRAS** et **VENTE BRIC-À-BRAC** sont également corrects.

386. Vente de trottoir

Il est peu probable qu'une ville vende ses trottoirs ! Les expressions « vente de trottoir » et « vente-trottoir » sont des calques de l'anglais *sidewalk sale*. Dans le reste de la francophonie, on utilise parfois le mot **BRADERIE** pour désigner ce genre de vente. On peut également parler de **LIQUIDATION DE SOLDES EN PLEIN AIR** ou, plus simplement, de **VENTE EN PLEIN AIR**.

387. Vente et solde

Le mot **vente** désigne l'action de vendre. Les **soldes** sont les marchandises mises en vente au rabais. Un article *en vente* est un article qu'on vend, tout simplement. Par contre, un article *en solde* est un article qu'on vend à prix réduit.

388. Versatile

L'adjectif **versatile** est bien français. Une personne versatile est quelqu'un qui change facilement et souvent d'avis. En période électorale, par exemple, la versatilité est très à la mode ! Évidemment, **versatile** a une connotation plutôt péjorative. Par ailleurs, pour dire qu'une personne a des talents variés ou qu'elle a des intérêts très diversifiés, on ne peut pas dire qu'elle est « versatile ». « Versatile » est un anglicisme en ce sens. On dira plutôt de cette personne qu'elle est **POLYVALENTE** ou qu'**ELLE A PLUS D'UNE CORDE À SON ARC**. En outre, quand quelqu'un s'intéresse à beaucoup de choses, qu'il a des goûts variés, on peut dire qu'il est **ÉCLECTIQUE**.

389. Versus

Certains mots ont été empruntés au latin par l'anglais et par le français, et ont adopté un sens différent dans chaque langue. C'est le cas de *versus* et de son abréviation *vs*. En français, versus est synonyme de opposé à, par opposition à. Il y a une certaine idée de comparaison dans le mot **versus**. Par exemple, on peut dire : le neuf versus l'ancien, masculin versus féminin, animé versus inanimé, etc. En anglais, par ailleurs, *versus* signifie contre. On se souviendra du film *Kramer versus Kramer* qui est devenu en français Kramer **CONTRE** Kramer. L'abréviation de contre est **c**. Dans la langue des sports, on dira les Canadiens **CONTRE** les Maple Leafs, et non les Canadiens « versus » les Maple Leafs.

390. Via

Via est un mot d'origine latine dont le sens est différent en français et en anglais. En français, **via** signifie en passant par, *dans un contexte de transport exclusivement*. Par exemple, on parlera d'un vol Montréal-Tokyo, via Vancouver (l'avion fera escale à Vancouver). On peut aussi dire : je suis allé à Québec via Trois-Rivières (c'est-à-dire en passant par Trois-Rivières). *Via* devient un anglicisme quand on lui donne un sens instrumental. Par exemple, on ne peut pas expédier un colis « via » autobus, on expédie un colis **PAR** autobus. Aussi, on diffuse une émission **SUR** ondes hertziennes et non « via » ondes hertziennes.

391. Vidéoclip et vidéobulle

Le terme **vidéoclip** est attesté en français moderne. En contexte, on peut parler de **clip**, tout simplement. Le terme anglais *pop-up* désigne les petits encadrés qui apparaissent occasionnellement à l'écran pendant la diffusion d'un vidéoclip. Les *pop-ups* contiennent un court texte tantôt humoristique, tantôt explicatif, ayant un rapport plus ou moins direct avec le clip diffusé. Par exemple, dans un clip de Céline Dion, un petit encadré apparaît dans lequel on peut lire : Céline est la cadette d'une famille de 14 enfants. Dans un autre clip, on lira : il a fallu 500 gallons de jus d'orange pour réaliser cette scène, ou encore : cette danseuse est l'arrière-petite-fille d'Al Capone. Vous voyez un peu le genre… En français, pour traduire l'anglicisme *pop-up,* on recommande le terme **VIDÉOBULLE**. En contexte, on peut aussi parler de **BULLE**, tout simplement. Une bulle est un petit encadré où sont inscrites les paroles ou les pensées d'un personnage de bandes dessinées. Techniquement, ces encadrés s'appellent **phylactères**, mais dans la langue courante, on utilise le mot **bulle**.

392. Violon d'Ingres

L'expression **violon d'Ingres** désigne une activité artistique à laquelle on s'adonne en amateur. Cette expression fait référence au peintre français Ingres dont le

passe-temps favori était de jouer du violon. Un violon d'Ingres doit absolument être une activité artistique. On peut dire, par exemple : la danse est mon violon d'Ingres. Dans le cas d'autres activités comme la mécanique, l'informatique ou le karaté, qui ne sont pas vraiment des activités artistiques, il est préférable de remplacer violon d'Ingres par **PASSE-TEMPS, LOISIR** ou **ACTIVITÉ RÉCRÉATIVE.** Il faudrait dire, par exemple : la mécanique est mon passe-temps préféré (et non mon « violon d'Ingres »). L'erreur n'est pas très grave, mais il est tout de même préférable de réserver l'expression **violon d'Ingres** aux activités artistiques qu'on exerce en amateur. Bien sûr, les variantes farfelues « violon d'Inde » et « violon dingue » sont à éviter !

393. Visiter et rendre visite

Autrefois, **visiter** quelqu'un signifiait se rendre auprès de cette personne en lui faisant une visite. De nos jours, quand on visite une personne, on le fait *dans un but charitable*. Par exemple, on visite les malades, les personnes âgées dans les foyers et les prisonniers. Par ailleurs, il est tout à fait correct de dire qu'on visite un lieu (une ville, un pays, un musée ou un site touristique, par exemple). On peut également dire qu'un vendeur visite ses clients. Par contre, quand on se rend chez quelqu'un pour le simple plaisir de la chose, dans un but amical, on **REND VISITE** à cette personne, on ne la « visite » pas.

394. Vol non-stop, vol sans escale, vol direct

On retrouve « vol non-stop » dans certains dictionnaires, mais son utilisation est encore très contestée. En français correct, un vol ininterrompu s'appelle **VOL SANS ESCALE**. Il ne faut pas confondre vol sans escale et vol direct. Le **vol direct** est un vol *avec escales*, mais sans changement d'avion.

395. Vol, envol, envolée

On confond souvent les termes **vol**, **envolée** et **envol**. Le **vol** est le fait de se soutenir et de se déplacer dans l'air. On peut parler du vol des oiseaux et des papillons, par exemple. Le vol, c'est également le trajet parcouru par les avions. On dira, par exemple : Air Canada a annulé ses vols vers le Mexique (et non pas ses « envolées »). Le terme **ENVOL** désigne l'action de quitter le sol. Par exemple : l'oiseau prend son envol. De même, on peut dire qu'au décollage, un avion prend son envol. Finalement, le mot **ENVOLÉE** est synonyme d'envol. De nos jours, ce terme est considéré comme littéraire. Il est surtout utilisé au figuré dans le sens d'élan dans l'inspiration (envolée lyrique, poétique, etc.).

396. Vous avez fait ma journée

On entend souvent les gens dire : « vous avez fait ma journée » lorsqu'on leur rend un service, lorsqu'on leur dit quelque chose de drôle ou d'agréable ou lorsqu'on leur apprend une bonne nouvelle. Évidemment, « vous avez fait ma journée » est le calque de l'anglais *you made my day*. Un auditeur nous a proposé l'intéressante formule suivante : **VOUS AVEZ ENSOLEILLÉ MA JOURNÉE** !

397. Vue imprenable

Dans son sens premier, une vue imprenable est une vue qui ne peut pas être masquée par de nouvelles constructions. Par exemple, un immeuble au bord de l'eau a une vue imprenable puisqu'on ne pourra jamais construire un autre immeuble pour nous cacher la vue. Techniquement, on pourrait avoir une vue imprenable sur un dépotoir ou sur un cimetière, pourvu que rien ne puisse jamais nous obstruer la vue ! Dans la plupart des dictionnaires, dont le *Grand Robert*, c'est la seule acception qu'on donnera à l'adjectif **imprenable** dans ce contexte. Par ailleurs, d'autres ouvrages, notamment le *Grand Dictionnaire encyclopédique Larousse*, attestent l'utilisation de l'adjectif **imprenable** au sens de **magnifique** ou de **splendide** en parlant d'une vue.

398. Web

Les trois W qu'on voit souvent dans les textes en rapport avec Internet sont l'abréviation du terme anglais *world wide web* qui signifie, littéralement, réseau à l'échelle mondiale. On voit parfois l'expression **TOILE MONDIALE** dans certains ouvrages français. Dans la langue de l'informatique et de la télématique, c'est le terme anglais *web* qui a fini par s'imposer. Donc, au lieu de parler de « site WWW » et de « serveur WWW », on peut parler de **SITE WEB** et de **SERVEUR WEB**, respectivement.

399. Winnebago

Winnebago est une marque de commerce. Comme il s'agit ni plus ni moins d'une caravane à moteur, on peut appeler ce genre de véhicule **CARAVANE MOTORISÉE** ou, mieux encore, **AUTOCARAVANE**.

400. Zamboni

Le terme technique proposé pour nommer la célèbre machine qui refait la surface des patinoires est **LISSEUSE**. Le terme **SURFACEUSE DE GLACE** est correct également. La surfaceuse est également une machine à bandes abrasives qui sert à polir le bois. Par contre, le terme « resurfaceuse de glace » est le calque de l'anglais *ice resurfacer*. Bien sûr, le mot **Zamboni** est solidement implanté chez nous et il est fort probable qu'on l'utilisera encore même quand une autre machine aura remplacé notre belle Italienne !

Bibliographie générale

BUREAU DE LA TRADUCTION. *Termium* (cd-rom), 1996.

C'est-à-dire, Montréal, Radio-Canada, 1960-1994.

CORBEIL, Jean-Claude et Ariane ARCHAMBAULT, *Le visuelt: dictionnaire thématique français-anglais*, 2e éd., Montréal, Éditions Québec/Amérique, 1992, 896 p.

DUBUC, Robert, *Objectif 200: deux cents fautes de langage à corriger*, Ottawa, Éditions Leméac, 1971, 133 p.

GIRODET, Jean, *Pièges et difficultés de la langue française*, Paris, Borduas, 1996, 896 p.

Grand dictionnaire encyclopédique Larousse, Paris, Larousse, 1985, 15 vol.

GREVISSE, Maurice, *Le bon usage: grammaire française*, 13e éd. revue et refondue par André Goosse, Paris, 1996.

GUILLOTON, Noëlle et Hélène Cajolet-Laganière, *Le français au bureau*, 4e éd., coll. «Guides de l'Office de la langue française», Québec, Les Publications du Québec, 1996, 400 p.

HENRY, Robert, *L'histoire surprenante et insolite de 322 mots*, coll. «Le français tel qu'on le parle», Montréal, Les Éditions spécialisées Maclean-Hunter (Éditions Frison-Roche), 1997, 237 p.

Le français au micro, Montréal, Radio-Canada, 1998.

Le petit Larousse illustré 1998, Paris, Larousse-Bordas, 1997, 1784 p.

MÉNARD, Louis, *Dictionnaire de la comptabilité et de la gestion financière*, Toronto, Institut canadien des comptables agréés, 1994, 994 p.

OFFICE DE LA LANGUE FRANÇAISE, *Le grand dictionnaire terminologique* (cd-rom), 1998.

Que dire?, Montréal, Radio-Canada, 1984-1994.

ROBERT, Paul, *Le grand Robert de la langue française : dictionnaire alphabétique et analogique de la langue française*, 2e éd. ent. rev. et enrichie par Alain Rey, Paris, Le Robert, 1985, 9 vol.

ROBERT, Paul, *Le nouveau petit Robert: dictionnaire alphabétique et analogique de la langue française*, nouv. éd. remaniée et amplifiée, Paris, Dictionnaire Le Robert, 1996, 2551 p.

ROBERT, Paul, *Le petit Robert 2 : dictionnaire universel des noms propres*, nouv. éd. revue, corrigé et mise à jour, Paris, Dictionnaires Le Robert, 1993, 1952 p.

ROBERT-COLLINS, *Le Robert & Collins: dictionnaire français-anglais, anglais-français Senior*, 4e éd., Paris, Dictionnaires Le Robert, 1996, pag. variée.

SOCIÉTÉ RADIO-CANADA, *Fiches du Comité de linguistique*, 1960.

VILLERS, Marie-Éva de, *Multidictionnaire de la prononciation française dans sa norme actuelle*, Paris-Grembloux, Duculot, 1987, 988 p.

WARNANT, Léon, *Dictionnaire de la prononciation française dans sa norme actuelle*, Paris-Gembloux, Duculot, 1987, 988 p.

Table

CET OUVRAGE
COMPOSÉ EN ADOBE GARAMOND ET EN FRUTIGER CORPS 12 SUR 14
A ÉTÉ ACHEVÉ D'IMPRIMER
LE 14 FÉVRIER MIL NEUF CENT QUATRE-VINGT-DIX-NEUF
PAR LES TRAVAILLEURS ET LES TRAVAILLEUSES
DES PRESSES DE MARC VEILLEUX IMPRIMEUR
À BOUCHERVILLE
POUR LE COMPTE DE
LANCTÔT ÉDITEUR.

IMPRIMÉ AU QUÉBEC (CANADA)